王志刚 / 著

证据的应用与规制

GJU DE YINGYONG YU GUIZHI

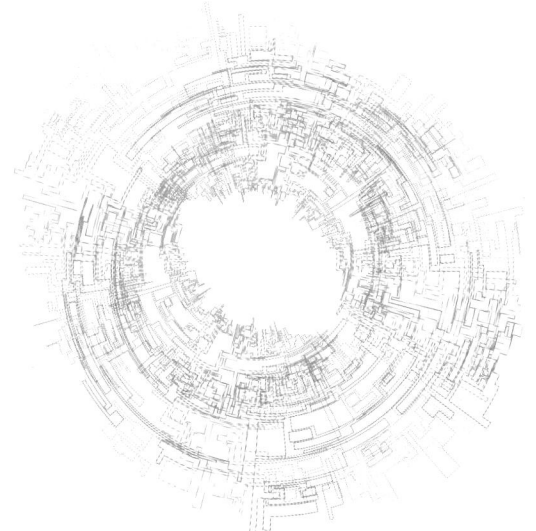

知识产权出版社

全国百佳图书出版单位

图书在版编目（CIP）数据

DNA 证据的应用与规制/王志刚著．—北京：知识产权出版社，2015.12
ISBN 978-7-5130-3932-1

Ⅰ．①D… Ⅱ．①王… Ⅲ．①脱氧核糖核酸—法医学鉴定—研究 Ⅳ．①D919.2

中国版本图书馆 CIP 数据核字（2015）第 283419 号

内容提要

随着科学技术的发展，DNA 证据在刑事诉讼活动中起着越来越重要的作用，但是，由于 DNA 具有"人体生物密码"的特性，DNA 证据的使用又极易侵犯公民合法权利。本书致力于揭示 DNA 证据的内涵及其在诉讼中的运用特点，并在此基础上对 DNA 样本采集程序、DNA 证据应用与公民权利保障、DNA 数据库建设以及 DNA 证据鉴真等问题进行系统研究，以期能够推动我国 DNA 证据运用规则的完善。

责任编辑：崔开丽	责任校对：孙婷婷
装帧设计：SUN 工作室　韩建文	责任出版：刘译文

DNA 证据的应用与规制

王志刚　著

出版发行：	知识产权出版社有限责任公司	网　　址：	http://www.ipph.cn
社　　址：	北京市海淀区马甸南村 1 号	天猫旗舰店：	http://zscqcbs.tmall.com
	（邮编：100088）		
责编电话：	010-82000860 转 8377	责编邮箱：	cui_kaili@sina.com
发行电话：	010-82000860 转 8101/8102	发行传真：	010-82000893/82005070/82000270
印　　刷：	北京富生印刷厂	经　　销：	各大网上书店、新华书店及相关专业书店
开　　本：	880mm×1230mm　1/32	印　　张：	7.25
版　　次：	2015 年 12 月第 1 版	印　　次：	2015 年 12 月第 1 次印刷
字　　数：	160 千字	定　　价：	29.00 元

ISBN 978-7-5130-3932-1

出版权专有　侵权必究
如有印装质量问题，本社负责调换。

引　言

在人类司法文明的进程中，各种物证在司法活动中的运用曾经长期处于一种随机变化和分散发展的状态。直到 18 世纪以后，与物证有关的科学技术才逐渐形成体系与规模，物证在刑事司法活动中的作用也越来越重要。到了 19 世纪，物证技术获得了前所未有的长足发展，尤其是人体物证技术的兴起和被运用于司法实践。这种趋势主要表现在两个方面：第一，法医学的兴起对科学证明案件事实发挥了非常重要的作用。第二，各种人身识别技术的问世为准确认定案件事实提供了一套较为科学的、行之有效的方法。特别是进入 20 世纪以来，科学技术的发展日新月异，为刑事司法活动服务的刑事科学技术不断涌现，并且朝着细分化、体系化、高度精确化的方向发展。继人体测量法和指纹识别技术以后，足迹鉴定技术、牙痕鉴定技术、声纹鉴定技术、唇纹鉴定技术等刑事科学方法的出现和运用不断充实着司法证明方法的"武器库"。1984 年，英格兰科学家阿历克斯·杰费里斯教授研究出来的 DNA 鉴定技术，更是带来了司法证明方法的又一次飞跃。DNA 证据直接来源于人的身体，而人的身体组织中所包含的信息都具有唯一性，也即具有个体化特征。这也是通过获取DNA证据进行人身识别的依据所在。仅就DNA证据所蕴含之信息而言，相关研究数据显示：如果用33.15探针，两个无关个体之间相同的机会小于3000亿分之一，即便是同胞的兄弟姐妹之间，完全相同的概率也才只有200万分之一；如果用33.15和33.16两个探针，无关个体之间的相同机会就更小。正是在这个意义上讲，DNA被称为"上帝给予的身份证"。利用DNA技术进行人身识别也由此被誉为"人类有史以来，在证物个化方面最为伟大的突破""法庭科学有史以来最大进步"。但也正因为其所含信息的特殊性，DNA也被称为"个人隐私的深层次内容和核心部分"。

"证据是诉讼的灵魂"，整个刑事诉讼活动可以说都是围绕着如何收集证据、如何审查判断证据、如何运用证据等相关问题而展开的。2013年1月1日实施的修正后的《刑事诉讼法》第130条规定："为了确定被害人、犯罪嫌疑人的某些特征、伤害情况或者生理状态，可以对人身进行检查，可以提取指纹信息，采集血液、尿液等生物样本。"由此，侦查机关的生物样本采集权在刑事诉讼法中第一次得到明确规定。但遗憾的是，由于未明确规定DNA证据的运用规则，其后也并无相应制度跟进，我国在DNA证据的形成和利用方面实际上仍处于立法模糊状态。党的十八大召开以来，我国依法治国的进程开启了全新的发展阶段，而刑事证据规则的完善无疑是这个"良法善治"伟大进程中的重要一环，在这种背景之下，DNA证据的立法建设迫在眉睫。有鉴于此，本书将系统地对刑事诉讼中的DNA证据进行研究。

引　言　◆

在本书中，笔者研究的重点立足于中国问题本身，即对我国DNA证据的立法和实践现状及其存在的主要问题进行分析，并在此基础上结合其他国家或地区的先进经验提出完善我国DNA证据立法建议的原则和具体思路。为了实现这一目标，本书着力解决两个方面的问题：其一是在理论上深刻认识DNA证据的内涵及DNA证据形成过程中国家权力与公民基本权利的冲突；其二是全面了解和掌握DNA证据立法和实践现状，准确发现症结所在。在结构上，本书分为六章。

第一章为DNA鉴定技术的产生与发展。DNA鉴定技术的产生是DNA证据得以应用的前提，DNA鉴定技术的发展也在客观上推动着DNA证据立法的完善，因此对DNA证据的研究始于对DNA鉴定技术的认识。本章首先对DNA鉴定技术进行了简要介绍，在此基础上，本章对DNA鉴定技术在域外的应用与发展进行了介绍，并总结了其共同发展规律与趋势，以期能为我国DNA证据的立法完善提供借鉴。之后，本章对我国法医学技术的发展脉络进行了梳理，指出DNA鉴定技术的引入是我国法医学技术发展到一定阶段的必然产物。最后，本章对DNA鉴定技术在我国引入与应用的具体情况进行了介绍。

第二章为DNA证据的内涵与应用。深入剖析DNA证据的属性与特征，是完善DNA证据立法的基础；客观认识DNA证据的应用价值，是展望DNA证据未来立法方向的立足点。因此，本章首先论证分析了DNA证据的证据属性与特征，指出DNA证据是一种以物证形态存在，以鉴定意见形态进入诉讼程序的特殊证据，其形成和应用具有独特之处。之后，本章对我国 DNA 证据的立法状况进行了系统考察，并以域外主要法治国家的立法为参照，指出了我国 DNA 证据立法方面的不足，并在此基础上提出我国 DNA 证据立法的宏观思路。

第三章为 DNA 证据的形成与公民权利保障。DNA 证据在形成过程中离不开对人的身体进行直接或间接的接触，所得到的基因信息也来源于人的身体。这些来源于人体的信息被运用于刑事诉讼，而将这些人体生物信息引领进刑事诉讼领域的过程中，往往伴随着国家公权力的动用，因此 DNA 证据与公民的基本权利保障息息相关。本章首先介绍了 DNA 证据的形成过程，并分析了 DNA 证据在形成过程中与公民人身权、隐私权和不被强迫自证其罪权的冲突。在此基础上，本章提出了平衡上述冲突的思路，即以形式审查实现事前制约、以合宪性审查实现过程监督以及以救济机制的设置实现事后监督。

第四章为 DNA 样本采集及其程序构建。对人体 DNA 信息载体——人体 DNA 样本的采集无疑是一种非常特殊的侦查行为。由于 DNA 采样直接针对人的身体所实施，因而它对公民人身自由权、身体权、隐私权等权利所造成的潜在威胁又比其他侦查行为更为明显。此外，由于人体 DNA 样本的特殊性，采集过程中哪怕是很细微的失误也将影响整个案件事实的认定。DNA 样本采集程序缺乏正当性可能带来放纵犯罪与殃及无辜等司法恶果。本章首先对侦查机关 DNA 采样权法律属性、DNA 采样的类型以及 DNA 采样与相关制度的关系进行了法理解读，以期深入认识 DNA 样本采集行为的实质。此后，本章对我国DNA样本采集程序的实践状况进行了系统考察，并指出了我国DNA样本采集程序在制度设置上存在的具体问题。在此基础上，本章提出了我国DNA样本采集程序的完善思路。

第五章为DNA数据库的应用与完善。随着法医DNA分型技术的标准化以及计算机与信息网络网络技术的发展，DNA数据库得以诞生并不断发展，DNA证据有了更为广阔的应用空间。正是在此意义上，对DNA证据的研究必然绕不过对DNA数据库制度的研究。本章首先介绍了DNA数据库的类型和功能，指出了DNA数据库在信息时代所发挥的强大作用，并对DNA数据库的发源地英国、发展最快的美国以及其他主要国家和地区在DNA数据库建设上的立法以及应用状况进行了系统考察。之后，本章考察了DNA数据库在我国的建立和应用状况，分析了我国DNA数据库存在的问题，并在前述研究和分析基础上提出了我国DNA数据库建设的立法思路。

第六章为DNA证据的鉴真。由于DNA证据从物证形态被提取到以鉴定意见形态应用于法庭要经历多环节的流转过程，因此DNA证据易于被替换且性状也容易发生变化。从实践情况来看，DNA证据被赋予较强证明力，而准确运用DNA证据认定案件事实的前提在于DNA证据的真实性，因此有必要对其进行鉴真。本章首先论证分析了DNA证据的证据能力和证明力，指出通过鉴真可保障DNA证据在诉讼中的合法准入、确保事实认定的准确性以及防止证据替换或毁损。最后，本章提出DNA证据鉴真的重点是对提取过程的可回溯性、证据保管链的完整性以及鉴定过程的可靠性审查。

受专业背景和研究水平所限,本书可能存在诸多不足,恳请读者批评指正。本书在写作过程中,参考了许多学者和实务专家的相关研究成果,笔者在此深表谢意!

王志刚

2015 年 8 月于重庆

目　录

第一章　DNA鉴定技术的产生与发展 ……………（1）

第一节　DNA鉴定技术简介……………………（2）
　　一、DNA鉴定的技术类型……………………（3）
　　二、DNA鉴定的检体样本来源………………（6）
第二节　DNA鉴定技术在域外的产生与发展………（10）
　　一、域外法医学技术的发展脉络 ……………（10）
　　二、DNA鉴定技术在域外的应用与发展 ……（12）
　　三、共性及发展趋势 …………………………（17）
第三节　DNA鉴定技术在我国的引入与应用………（20）
　　一、我国法医学技术的发展脉络 ……………（20）
　　二、DNA鉴定技术的引入与发展 ……………（23）

第二章　DNA证据的内涵及其运用 …………………（27）

第一节　DNA证据的内涵 ……………………（27）
　　一、DNA证据的证据属性 ……………………（27）
　　二、DNA证据的特征 …………………………（32）
第二节　DNA证据的应用价值 ………………（35）

一、提升侦查效率的现实需要 …………………… (35)
二、防止错案发生的迫切需求 …………………… (39)
三、预防犯罪的现实要求 ………………………… (46)
第三节 DNA证据在我国的相关立法 ……………… (48)
一、立法规定 ……………………………………… (48)
二、立法现状评价 ………………………………… (50)
三、完善思路 ……………………………………… (57)

第三章 DNA证据的形成与公民权利保障 …………… (60)

第一节 DNA证据的形成过程 ……………………… (60)
一、DNA检材的获取与保管 ……………………… (61)
二、DNA检材的分析和鉴定 ……………………… (62)
三、DNA证据的形成与运用 ……………………… (64)
第二节 DNA证据与公民权利保障的冲突 ………… (66)
一、DNA证据与人身权 …………………………… (66)
二、DNA证据与隐私权 …………………………… (74)
三、DNA证据与不被强迫自证己罪权 …………… (82)
第三节 DNA证据运用与公民权利保障的平衡 …… (88)
一、以形式性审查实现事前制约 ………………… (89)
二、以合宪性审查实现过程监督 ………………… (90)
三、以救济机制的设置实现事后监督 …………… (93)

第四章 DNA样本采集及其程序构建 ……………… (105)

第一节 DNA采样权的法理解读 …………………… (105)
一、DNA采样权的法律属性 ……………………… (105)
二、DNA采样的类型 ……………………………… (109)

三、DNA采样与相关制度的关系 ………………（117）

第二节 我国DNA采样程序的运行
现状及存在问题 ………………………（123）

一、我国DNA采样程序的运行现状 …………（123）

二、我国DNA样本采集程序存在的主要问题 …（135）

第三节 我国DNA采样程序的完善 ………………（144）

一、细化DNA采样程序 ………………………（145）

二、推进配套制度建设 …………………………（152）

第五章 DNA数据库的应用与完善 ……………（156）

第一节 DNA数据库的类型与功能 ………………（157）

一、DNA数据库的类型 ………………………（158）

二、DNA数据库的主要功能 …………………（160）

第二节 域外DNA数据库的建设与
应用状况考察 …………………………（164）

一、DNA数据库在英国的建设与发展 ………（164）

二、DNA数据库在美国的建设与发展 ………（168）

三、DNA数据库在其他国家与地区的
建设与发展 …………………………………（170）

四、考察结论 ……………………………………（173）

第三节 DNA数据库在我国的应用 ………………（178）

一、DNA数据库在我国的建设与发展 ………（178）

二、我国数据库应用中存在的主要问题 ………（183）

三、我国DNA数据库制度的完善思路 ………（189）

第六章　DNA 证据的鉴真 ……………………（195）

第一节　DNA 证据的证据能力和证明力 …………（197）
一、DNA 证据的证据能力 ………………………（197）
二、DNA 证据的证明力 …………………………（201）

第二节　DNA 证据鉴真的目的 ……………………（204）
一、保障 DNA 证据的合法准入 ………………（206）
二、确保事实认定的准确性 ……………………（207）
三、防止证据替换或毁损 ………………………（210）

第三节　DNA 证据鉴真的方式 ……………………（212）
一、提取过程的可回溯性 ………………………（212）
二、证据保管链的完整性 ………………………（214）
三、鉴定过程的可靠性 …………………………（217）

第一章　DNA 鉴定技术的产生与发展

DNA，即脱氧核糖核酸（Deoxyribonucleic Acid，缩写为 DNA），其分子结构是双链多核苷酸。人类的体细胞核中含有 46 条染色体（23 对同源染色体），每个染色体都是一个与蛋白质结合的双链 DNA 分子。人类体细胞的细胞核中的全部 DNA 称为基因组 DNA，每个个体在每一个体细胞内的 DNA 均是相等的（癌变和基因突变的细胞除外），其 DNA 分子特征即碱基序列终身不变，不受年龄、营养状况及环境变化之影响，DNA 信息可从血液、精液、尿液、唾液、身体组织等身体样本中提取得出。除同卵双胞胎外，没有两个个体的 DNA 碱基序列是完全一样的，两个无关个体间相同的机会小于 1/3000 亿，因此利用 DNA 分型技术具有高度的个体识别功能[①]。

DNA 鉴定技术的出现使得 DNA 呈现于人类面前，而随着鉴定技术的发展，DNA 得以应用于司法实践工作并进而获

---

① ［美］丽莎·扬特著：《法医学——从纤维到指纹》，顾琳等译，上海科学技术文献出版社，2008 年版，第 130－140 页。

得证据资格。

第一节　DNA 鉴定技术简介

　　Deoxyribonucleic Acid，缩写为 DNA，即脱氧核糖核酸，是细胞内的生物大分子，是人类的遗传代码。它通过控制蛋白质的合成来控制各种遗传特征。DNA 的基本结构单位是脱氧核苷酸，由碱基、脱氧核糖和磷酸构成。碱基分为嘌呤碱及嘧啶碱，嘌呤碱又分为腺嘌呤（A）和鸟嘌呤（G）；嘧啶碱分为胞嘧啶（C）和胸腺嘧啶（T）。嘌呤碱与嘧啶碱总含量相等。人类的 DNA 分为两类，一类位于细胞核内，称为核 DNA；另一类位于线粒体内，称为线粒体 DNA。核 DNA 具有高度的多态性，能够进行同一认定及亲子鉴定，是目前法医 DNA 鉴定研究的重点，也是 DNA 数据库建立的生物学基础。在目前的科学技术条件下，线粒体 DNA 还不能进行同一认定，也不构成 DNA 数据库建立的生物学基础，所以本书讨论的 DNA 特指人类核 DNA。

　　DNA 鉴定技术是 DNA 分型技术在司法领域的称谓，指利用 DNA 多态性的生命机理，通过各种分型比对的技术手段，对具有特定性的 DNA 遗传标记进行的分型图谱比对活动。其不但指法医 DNA 分型技术活动本身，还包括与之相关的一系列检验技术活动，比如 DNA 检材、样本的采集、保管等活动。DNA 鉴定技术是遗传学在个体识别领域的最高技术，也是目前司法实践领域在人身同一性认定上最准确的一项技术。DNA 鉴定可以将重复率个化至数十亿分之一，而全世界的人口亦不过如此。因此可以说除了同卵双胞胎（Identical Twins）之外，在人类族群中，每个人的DNA遗传模式几乎只属于其个人所特有。此外，除了精确的准确度外，随着DNA鉴定技术的发展，DNA已经能从血液、血迹、精液、精斑、唾液、骨骼、人体细胞组织、器官、毛发等更细微的人体样本中提取出来，这使得查找和比对犯罪嫌疑人变得更为迅捷和便利，DNA证据也由此而被誉为"人类有史以来，在证物个化方面最为伟大的突破"[1]。

一、DNA鉴定的技术类型

到目前为止，DNA鉴定技术主要有以下几种类型[2]：

第一，DNA指纹图技术。DNA指纹图技术又称RFLPs技术。DNA指纹图谱是从各种生物体的血、骨、毛根、精斑、白细胞、皮肉组织、口腔皮细胞等检材中提取有效细胞的DNA，提取方法因检材种类不同而异，如在精液与阴道分泌物的混合斑中提取精子，DNA就要排除女性细胞成分，然后用限制性内切酶（酶是一种在生物体内具有新陈代谢的催化剂作用的蛋白质）酶切，再通过一系列技术使DNA片段显示成图谱。DNA的多态性源与不同个体DNA碱基排列顺序不同，如上文所述，除同卵双生子外，每个人的DNA碱基

---

[1] Lee Thaggard, "DNA Fingerprinting: Overview of the Impact of the Genetic Witness on the American System of Criminal Justice", 61 *Miss. L. J.* 423. 442 (1991).

[2] 参见［美］John M. Butler 著：《法医DNA分型——STR遗传标记的生物学、方法学及遗传学》，侯一平、刘雅诚主译，科学出版社，2007年版，第364－375页。

DNA 证据的应用与规制

系列都是独一无二的。即使是异卵双胞胎（两个精子与两个卵子分别结合成两个受精卵的双胞胎）生子的基因 DNA 也是不同的。据 20 世纪末的科学实验报道：140 亿个人中才可能会出现一个人的 DNA 特征与另一个雷同。由于现在人类总人口数离 140 亿相差甚远，两个人的 DNA 特征雷同的理论概率几乎为零，因此该技术实际上是利用 DNA 的多态图像进行个体识别的方法。1985 年英国遗传学家亚历克·杰弗里斯（Alec Jeffreys）发明了 DNA 探针[①]，可同时检测人类基因组很多位点，并获得了多位点的 RFLPs 图谱（限制性片段长度多态性图的英文简称）。当时在一起英国移民纠纷案中应用这种技术成功地鉴定了亲权关系，下文对此案例将有详述。

第二，DNA 体外扩增技术，又称 PCR 技术。这是一种体外酶促扩增特异 DNA 片段的无细胞分子克隆技术，即聚合酶链反应（PCR）技术，1985 年由美国赛塔斯（Cetus）公司的莫里斯（Mullis）、赛克（Saiki）等发明。该技术从检材中提取 DNA 后，采用模仿体内 DNA 复制的过程，在体外技术合成特异 DNA 片段，主要通过加热使模板 DNA 由双链变为单链，加入聚合酶等再降温使引物（一对短片段单链 DNA）与相应的模板 DNA 互补结合，再升温使引物在酶促作用下按模板单链 DNA 的碱基序列延伸合成互补的新链。由于新链可在下一循环反应中成为模板 DNA，故如此循环至

[①] DNA 探针是最常用的核酸探针，指长度在几百碱基对以上的双链 DNA 或单链 DNA 探针。现已获得的 DNA 探针数量很多，有细菌、病毒、原虫、真菌、动物和人类细胞 DNA 探针。这类探针多为某一基因的全部或部分序列，或某一非编码序列。这些 DNA 片段须是特异的，如细菌的毒力因子基因探针和人类 Alu 探针。这些 DNA 探针的获得有赖于分子克隆技术的发展和应用。

4

终。上述步骤现在可以应用"DNA 扩增仪"进行自动化循环扩增。这种 PCR 体外基因复制技术已发展到在几小时或几十分钟内把基因扩增到数百万倍以上，使基因便于检测。

第三，DNA 短串联重复序列分析技术。短串联重复序列（STR），故又称 STR 分析技术，是 DNA 体外扩增的一种应用技术。人类基因组中约有 50 万个 STR 位点，含有大量的遗传多态性信息。用多对引物在同一反应体系内同步扩增多个 STR 位点的复合扩增，可以检测分析和解决各类案件中涉及的个体识别与亲权鉴定问题。该技术不仅使司法鉴定的科学识别能力大大提高，而且使鉴定成本大大降低，还能对陈旧的、数量极少的、有污染的甚至腐败降解的生物检材进行技术分析而不影响其准确性。

第四，DNA 线粒体测试技术。由于细胞质中线粒体的双链环状 DNA 称为 mtDNA，故该项技术又称 mtDNA 技术，它主要是用荧光标记法对 mtDNA 多态区测序的又一种 DNA 体外扩增的应用技术。该技术首创于 1991 年，我国于 1995 年研究成功。由于 mtDNA 是核外 DNA 和属于母系单亲遗传，对于难以提取到染色体 DNA 的检材如不带毛囊的毛干、指甲等的个体识别，或母系单亲亲子具有特殊重要意义。我国可以对 1 厘米长的毛干和 1 立方毫米的指甲进行准确的 mtDNA 多态性测序分析。由于 DNA 线粒体测试技术可以对血迹、毛发、肉眼看不到的唾液痕迹，以及储存多年的样本进行测试来识别疑犯，故而它十分灵敏有效。

第五，DNA 摹拟成像技术。所谓 DNA 摹拟成像技术，是利用 DNA 技术对案发现场提取的检材进行分析，进而勾画出嫌疑人的面貌。其主要技术原理是：人的体型、头型、脸型等均由 DNA 基因决定，如皮肤和毛发的颜色与形状、脸型的各种状态、鼻子的高低与大小等等，都与 DNA 有关。例如，同卵双生子（又名同卵双胞胎，由父母各自的一个精子与一个卵子结合成一个受精卵分裂而成的）不仅相貌一模一样，有的甚至其父母都难以分辨，而且二者的性格、行为、好恶等往往惊人地相似。原因在于同卵双生子的内在基因组合相同，即人类唯一例外的 DNA 特征雷同。可见同卵双生子的体态、头型、脸相等酷似的原因取决于相同的 DNA 基因控制。同理，根据案发现场遗留的毛发、血迹、唾液等进行 DNA 分析，可利用其摹拟遗留者的种族、体型、面目及其眼、鼻、发色等等，为查明案情提供可靠线索和关键证据。

这些 DNA 分型技术的出现，为有效地揭示 DNA 序列的特定性，发掘可用于比对的 DNA 分型序列提供了更大的可能。可以说 DNA 分型技术的发展，是自然科学多学科技术的进步，为 DNA 证据信息不断地被发掘与应用于诉讼提供了可能。

二、DNA 鉴定的检体样本来源

如上文所述，随着现代科学技术的发展，许多国家在仪器设备、基础研究等方面投入不断加大，新技术、新方法不断涌现，DNA 已经能从血液、血迹、精液、精斑、唾液、骨骼、人体细胞组织、器官、毛发等更细微的人体样本中提取出来，但从当前司法实践情况来看，DNA 鉴定的样本主要有以下几种类型。

(一) 毛发

毛发是由表皮褪化而来的富有弹性的角质体。毛发可以根据粗细、软硬的不同，分为软毛和硬毛两种。软毛，俗称汗毛，细软而色淡，遍布皮肤表面。硬毛粗而硬，生长于人体某些特定部位，如头发、眉毛、睫毛、胡须、鼻毛、腋毛、胸毛、阴毛等。不同人种、民族、性别和年龄的人，不同的个人，以及同一个体的不同部位，其毛发是有差别的。毛发是杀人、强奸等案件中非常重要的物证之一。罪犯作案时毛发易于遗失在现场，因为毛发具有很强的稳定性，所以是理想的侦查依据和案件的证据材料[①]。

提取毛发样本，既可对其形态进行比对，也可以对其成分进行分析，亦可通过对毛囊内物质的提取进行血型鉴定和DNA鉴定。通过对毛发形态的分析，可以推断出被害人或犯罪嫌疑人的年龄、种族及洗发、染发、剪发、烫发等情况；通过对毛发成分的分析能获得生活地域环境、饮食习惯、职业、健康状况、药物使用等信息；通过对毛发生物物质的测定还可获得血型、DNA等信息，这些信息对于侦查环节中分析案情、认定犯罪具有重要作用。对其形态比对的方法是提

---

① 2014年9月初，河南大学民生女大学生张某在自河南省郑州市惠济区张定邦村家中返校途中失踪，后被发现遇害。案发时，正值各地高校秋季开学的返校高峰，该案的发生在社会上引起了较大恐慌。通过艰辛侦查，警方怀疑该村的黄某杀害了该女大学生，但未找到直接证据。郑州市DNA实验室工作人员在嫌疑人家中仔细勘查，终于在客厅沙发背后找到一根毛发，经检验与抛尸现场提取到的女大学生的DNA信息同属一人。案件很快告破，黄某就是该案的凶手。参见胡巨阳："探访郑州公安DNA实验室：让头发丝开口说话"，http://news.ifeng.com/a/20150520/43795845_0.shtml，2015-8-8。

取犯罪嫌疑人的毛发与现场发现的毛发进行比对。这种比对不仅要求对生长于身体同一部位的毛发进行比对，此外还需要借助高倍显微镜进行，主要比对项目包括：色泽、波纹形状、直径大小、有无染发、有无烫发、是自然脱落还是强行拔出或剪断等。[1] 但是，通过毛发形态比对进行人身识别具有较大局限性，因此目前司法实践中多是通过提取毛囊所含物质化验血型和 DNA 来进行人身识别。

（二）血液

血液在刑事证据上，一直占有相当重要的地位，尤其对于暴力犯罪，其可以证明之事项包括个人识别、性别判断、犯罪行为时间之判断、使用凶器之判断等。[2] 从司法实践情况来看，需要采集血液样本进行 DNA 鉴定的案件类型主要集中在故意杀人、过失致死、故意伤害、性侵害这几种案件类型上。在认定犯罪行为人时，DNA 证据除了来自犯罪现场遗留外，还需采集犯罪嫌疑人体内血液，且也有可能对第三人或受害人采集血样。如被害人遭他杀后焚烧致尸体面目全非无法辨识时，除采集被害人之血液外，尚须采集可能为被害人之父母或其他血亲亲属之血液，以鉴定两者 DNA 对偶基因类型是否具关联性；而在性侵害案件中，为了确定案件事实，必要时需对因受性侵害而致怀孕的受害人进行引产，为了鉴定胎儿是否与犯罪嫌疑人具有亲子关系，还需要采集男性犯罪嫌疑人、女性受害者及该名胎儿的血样进行 DNA 鉴定，以

---

[1] 蔡墩铭著：《刑事证据法论》，五南图书出版公司，1997年版，第166页。
[2] 蔡墩铭著：《刑事证据法论》，五南图书出版公司，1997年版，第151页。

判断是否相符。①

（三）唾液与精液

唾液和精液都是人体组织液，由于这类体液蕴含有个人生物信息，因此在人身检查中也常常提取这些物质进行身份识别。唾液适用案件范围比较广，比如故意杀人案现场遗留的烟蒂、盗窃现场遗留的矿泉水瓶以及性侵害案中被害人身上遗留的唾斑，都可从中检查出该唾液来源者的生物信息，而对重点嫌疑对象也可通过单纯提取唾液或与其他身体样本鉴定相结合的方式来确定或排除怀疑。精液则主要用于性侵害案的侦查，如性侵害案的被害人报警后，侦查机关为调查是否有性行为发生，通常会以棉棒（阴棉）采集受害女性体内遗留物，以调查是否残留有实施侵害的男性之精液。此外，侦查机关为查明侵害者的身份，往往会将从受害女性体内采集的精液或案发现场遗留的擦拭物或避孕套内所含精液所含之DNA与犯罪嫌疑人的DNA进行比对，以确定二者是否具有同一性。

可以预见的是，随着刑事科学技术的不断发展，可供提取DNA信息的人体生物样本的种类会越来越多，在面对多种样本可供提取、多种采样方式可供使用的前提下，如何选择一种对公民基本权利侵害最小而准确率最高的样本提取方式，也成为我们需要考虑的问题。

---

① 我国已发生过这样的案例，参见荆楚网："研究生接受中医师'物理治疗'后莫名怀孕"http：//www.openlab.net.cn/forums/，2015-8-8。

第二节　DNA 鉴定技术在域外的产生与发展

一、域外法医学技术的发展脉络

国外将法医学技术应用于司法活动究竟始于何时？其经历了怎样一个变迁过程？由于相应资料的缺乏，难以对这些问题全面作答，但是，从立法层面来看，现存世界上最古老、最完整的成文法典《汉谟拉比法典》中已经明确规定了行为人对不同的伤害行为应当承担不同的刑事责任，而且还规定了医生因医疗事故而应承担刑事责任，由此可推测，早在公元前1700多年，古巴比伦人已经开始用医学检验判案。而就法医鉴定人而言，西方许多国家在 13 世纪以前在立法上就已经基本确立。如意大利 1252 年《波伦亚都市法》就规定人身受到侵害的案件都必须经过医学检查，检查人也应就检查结果在法庭上作证；[①] 法国 1207 年颁布的诺曼底习惯法要求对疾病、强奸和妊娠案件都必须进行鉴定；1260 年制定的法国巴黎习惯法也提到要用外科医生鉴定、证人提供的证据代替神明裁判和决斗；1270 年 Skeiki Medjm El Din 所著的阿拉伯《合法的和禁行穆斯林法规》中就有关于听觉和视觉丧失

[①] 1289 年发生于意大利波伦亚的一起案件就体现了当时的情况，该案的检验报告为："Bertolacius 和 Angellus 两位医生根据法官的指令在 2 月 11 日对 Venturella 进行了检查，将检查所见宣誓报告如下：他有两处创伤，一处在后头部，另一处在髋上部。根据所见的征象认为如无其他干扰，将会完全治愈。"参见贾静涛著：《世界法医学与法科学史》（上），科学出版社，2000 年版，第 275 页。

的检验规定，如："如果专家声称听觉丧失已经没有恢复的希望，应当立即按血亲赔偿金额赔偿。如果专家认为在一定期间内能够恢复，则宣判应当在这一期间之末进行。"① 由此可见，国外对于司法检验制度的立法时间较早。进入14世纪以后，西方国家受文艺复兴思潮的影响，法医学进入了快速发展时期，有关法医类证据的运用日益广泛，而关于活体检查、尸体勘验等方面的研究也逐步深入。西方资本主义革命兴起后，在近代资本主义分别以蒸汽机和电力的广泛运用为标志的第一次、第二次工业革命推动下，西方的法医检验和理论研究逐渐走向成熟，而随着近代物理、化学、生物等自然科学的发展，传统的身体表征查看、指纹识别在一些新的科学技术帮助下如虎添翼，一些新的刑事科学技术也纷纷诞生，生物物证技术的种类开始增多，特别是进入21世纪后，现代物理、化学、生物学、电子信息技术和以新材料为支柱的高新技术相继渗透于法医学领域，一些新的技术也相继被应用于西方司法实践之中。1901年，奥地利医生卡尔·奥托·兰德斯泰纳（Karl Landsteiner）在其发表的一篇论文中根据人类血液中红细胞抗原的特点不同将人类血液分为A、B、O三种类型，而后在1902年，兰德斯泰纳的两个同事又鉴别出了第四种血型分类——AB型，自此开启了血型鉴定的先河，1915年，血型鉴定被正式用于刑事案件的侦查之

---

① 参见贾静涛著：《世界法医学与法科学史》（上），科学出版社，2000年版，第71–73页。

中[1]。血型鉴定尽管具有人身识别的功能，但是由于其对于遗传类型的分析非常有限，而具有相同血型的人口又非常多，因而也就难以达到有效的个人识别目的，所以血型识别在刑事侦查实践中往往多用于排除嫌疑，而很少用来证明犯罪，也即意味着即使是血型比对一致，也难仅此证明其涉嫌犯罪。

二、DNA 鉴定技术在域外的应用与发展

1985 年，英国雷塞斯特大学的遗传学专家 Jefferys 发明了能把人的识别特征从实验室引入法庭的鉴定技术，并将其称为"DNA 指纹图"。1985 年 4 月他在一个移民案件中应用了这个方法。一个男孩离开英国后想从加纳移居到英国，他声称自己的母亲是英国居民，移民局则认为他可能是冒名顶替，而不是该家庭的成员，因用常规的传统血型检验方法无法证明他们的母子关系，于是进行 DNA 分析。经 DNA 指纹图分析，确凿无疑地证明该男孩是这个家庭的成员，因而该男孩获准移民英国。此案之后，英国内政部批准并且承认了这项新技术。[2]

人类历史上第一次使用 DNA 证据技术破案也始于英国。1984 年，英格兰中部的一名探员得知英国遗传学家亚历克·杰弗里斯发明 DNA 鉴定方法的消息之后，找到亚历克·杰弗里斯利用这项技术协助处理两起使得警方颇为困扰的奸杀案。当时警方已经逮捕了一名犯罪嫌疑人，但当警方将在命案现

---

[1] 参见[美]丽莎·扬特著：《法医学——从纤维到指纹》，顾琳等译，上海科学技术文献出版社，2008 年版，第 31－41 页。

[2] 参见文盛堂："论 DNA 证据技术及其法治功能的实现"，载《国家检察官学院学报》，2004 年第 5 期，第 106－108 页。

场采取的精液连同嫌犯 DNA 证据，送交亚历克·杰弗里斯化验后，证实两起命案是同一人所为，但并不是警方所逮捕的那位厨师。1986 年警方基于 DNA 证据释放了该名厨师。因案发地是一个小镇，因此警方怀疑凶手应该就是小镇里的人，所以希望通过对镇上的男性进行抽取血样进行 DNA 比对以查获凶手。警方共收集到该镇成年男性提供的 DNA 证据 3600 件，但这 3600 件血样中并没有发现任何一件 DNA 图谱与现场所采集的 DNA 图谱吻合，本案似乎陷入无法突破的难局。就在这个时候，警方获得了一个意外的线索：一名面包店的经理在酒吧与她的同事闲聊时得知，酒吧的一位员工 Colin Pitchfork 曾说服另一位面包师傅代替他验血。警方后来提取了 Pitchfork 的血样。经鉴定，Pitchfork 的 DNA 与现场遗留 DNA 信息一致，Pitchfork 供认了这两起奸杀案，法庭于是在 1987 年判决 Pitchfork 有罪。[1] 自该案成功侦破后，英国多次运用这种方式进行案件侦破。2014 年 9 月 7 日，英国《星期日邮报》的一则报道在世界范围内再度引发对"DNA 破案"的广泛关注。据报道，一名英国"业余侦探"拉塞尔·爱德华兹和法医学专家借助分析和比对 DNA 样本成功破解 126 年的未解谜团，"开膛手杰克"[2]案的真凶浮出水面。爱德华兹

---

[1] Clare M. Tande, "DNA Typing: A New Investigatory Tool", 1989 *Duke L. J.* 474 – 475 (1989).

[2] 开膛手杰克（Jack the Ripper），是 1888 年 8 月 7 日到 11 月 8 日间在英国伦敦东区的白教堂（White Chapel）一带以残忍手法连续杀害至少五名妓女的凶手代称。犯案期间，凶手多次写信至相关单位挑衅，却始终未落入法网。其残忍大胆的犯案手法经媒体一再渲染而引起当时英国社会的恐慌，该凶手也由此成为欧美文化中最恶名昭彰的杀手之一。虽然该案历经百年，但因缺乏证据，一直无法锁定真凶，从而使案情更加扑朔迷离。

迷恋研究"开膛手杰克"案。2007年，他在一次拍卖会上买下一条带有血迹的披肩，据称为妓女凯瑟琳·埃多斯凶杀案现场物品。卖主告诉爱德华兹，披肩当年就在埃多斯的尸体旁，他的祖上当时是调查案件的警官之一，获得上级允许后把披肩带回家送给妻子。但是，披肩没有经过洗涤就被收藏并一直传下来。2011年，应爱德华兹邀请，基因证据专家、英国利物浦约翰·穆尔斯大学高级讲师洛海莱宁开始分析披肩上的污迹。利用红外线相机，洛海莱宁确信，污迹为砍切时喷溅的动脉血血渍，符合杀害埃多斯手法的特点。随后，紫外照相技术揭示出，披肩上还有精液污渍。他还在披肩上发现肾脏细胞遗迹，凶手当年取出了埃多斯的一个肾。由于年代过于久远，用常规棉签提取的方式无法获得 DNA 样本。洛海莱宁采用一种"真空吸取"的方式，在不破坏织物的情况下获取了 DNA 样本。经过不懈的努力，爱德华兹和他的伙伴最终锁定已死亡的波兰裔美发师阿伦·科斯明斯基（Aaron Kosminski）就是当年引发巨大恐慌的"开膛手杰克"。[①] DNA 证据的强大功能再次得以展现。

美国于 1987 年 *State v. Andrews* 案中首次采用 DNA 鉴定技术来确认被告的身份。该案被告 Tommie Lee Andrews 于 1986 年 5 月至 1987 年 2 月间在佛罗里达州涉嫌数起强奸案。警方随后逮捕被告，检察官起诉被告，在法庭上提出被告血液 DNA 与被害人遭强奸后身上采取之阴道棉 DNA 相符。在审理中，检察官首先请麻省理工学院的分子生物学家 David

---

[①] 中新网："DNA 揭'开膛手杰克'身份系波兰裔理发师"，http://www.chinanews.com/gj/2014/09-08/6570558.shtml，2015-8-8。

Houseman 向陪审团说明 DNA 鉴定的理论基础，随后再请生命密码公司的 Michael Baird 及 Alan Giusti 出庭作为遗传学专家证人，向陪审团说明 DNA 鉴定流程。Michael Baird 证明被告 DNA 与被害人遭强奸后身上采取之阴道棉棒 DNA 相符且该 DNA 样本在族群中具有相同型别之概率为 0.0000012%，也就是说被告 DNA 型别 839 914 540 人才会出现一人与之有相同 DNA 型别。被告虽否认有犯罪事实，其辩护人也试图寻找专家证人推翻 DNA 证据，但没有专家愿意出庭作证，最后法院认可了 DNA 证据的证据资格，陪审团也裁决被告有罪。被告于判决后提起上诉，认为生命密码公司的检验过程有瑕疵，影响鉴定质量。佛罗里达州上诉法院在该案判决中指出：过去并没有任何上诉法院受理的刑事案件曾对 DNA 证据的证据资格表示过意见，因此法院从新科学技术的证据容许性及 DNA 检验技术与专家证言二方面加以探讨，认为原审法院在决定证据容许性标准时，并未滥用其裁量权，而且 DNA 检验科学原理及技术已达普遍接受程度，DNA 证据亦有助于陪审团决定争执之事实，法院最后驳回被告的上诉。[①] 除了英国和美国之外，其他国家也开始将这种措施应用于刑事案件侦查。

在德国，在法庭 DNA 技术出现之前，《德国刑事诉讼法》第 81 条 a 规定，赋予追诉方在案件需要并满足一定条件的情况下强制从被指控人身上抽取血液进行检验。但在制定该法的时候，人们当时只是知道能够利用血液进行血型检验，

---

① 强·桑德曼著：《走出犯罪实验室：全新的侦查科学》，李俊亿译，商业周刊出版社股份有限公司，2000 年版，第 120－123 页。

并不知道能够进行 DNA 检验,所以,对于该条所规定的抽取血液是否适用于 DNA 检测,人们的理解并不一致。虽然在实际审判过程中,法院一直支持把 DNA 检测结果作为证据使用,但是法律界对此争议较多,认为 DNA 检测结论作为证据的法律依据不足,需要以立法形式予以明确。为此,1997 年 5 月 17 日,德国议会通过《德国刑事诉讼法修正案》,补充规定了第 81 条 e 和第 81 条 f,进一步明确了在刑事诉讼程序中在满足一定条件的情况下,可以采集被告人的身体细胞样本进行分子遗传学调查和 DNA 检测。1998 年 9 月,根据《德国刑事诉讼法修正案》的规定,德国议会专门通过并颁布了《德国 DNA 鉴定法》,详细规定了实施 DNA 检测的前提、目的、实施人和机构、采样情况以及何时强制采样、数据分析与保存、样本保存与销毁等。①

新西兰开展应用 DNA 分析技术始于 1980 年,并在 1994 年提出了关于犯罪调查的提案,该提案主要规定了对于涉嫌犯罪的人可以采集血样进行 DNA 检验,另外还规定了建 DNA 数据库时可以采集有关人员的血液样本。新西兰 1995 年制定了《新西兰犯罪调查血样采集法》并在 1996 年开始实行,该法规定对犯罪嫌疑人采集血样品,其中既可以由犯罪嫌疑人自愿提供样品,也可以对涉嫌严重暴力犯罪的人员进行强制采样。对确证系犯罪人或系列犯罪的已经存入数据库的样品,则可以与所有案件进行比对。2004 年 4 月 11 日,新西兰通过了修改补充后的《新西兰犯罪调查身体取样法》,

---

① 赵兴春:"刑事案件 DNA 检验采样与鉴定立法现状",载《证据科学》,2009 年第 1 期。

与1995年版本相比较，主要有两个方面的变化：一是拓宽了强制采集样本的犯罪嫌疑人的涉案种类；二是可以将口腔拭子作为建库采样的样本。新西兰有关DNA分析技术应用的立法工作，体现出随着DNA检测技术应用范围的扩大和DNA建设的需要而逐步趋于完备。[1]

加拿大议会于1998年12月通过了《加拿大DNA鉴定法》，该法明确规定了DNA检测的应用规范并允许建立国家DNA数据库。其宗旨是帮助司法机关鉴别被指控的犯罪者，其立法原则是希望通过法庭DNA检测技术的使用，更好地促进案件侦办以及对案犯的定罪，为保护社会安全和维护司法提供服务。另外，该法还明确规定在进行DNA检测过程中，应严格依照法律执行，不能用于其他非司法需要的目的；同时，DNA个体信息牵涉个人隐私，使用、传播、接触这些DNA信息和DNA检验样本须严格按照法律的规定执行。[2]

三、共性及发展趋势

从近年来的域外司法实践情况看，DNA在刑事案件侦查中有三种应用方式：第一，预先将特定人或有前科之人的DNA样本分析数据存放于DNA数据库，将现场所发现的犯罪嫌疑人遗留检体的DNA分析数据与侦查机关建设的DNA数据库所预先采集、存放的"海量"DNA数据相比对，以发

---

[1] 葛百川等："DNA数据库建设研讨会及新西兰国家DNA数据库概况"，载《刑事技术》，2004年增刊。

[2] 郭红玲、王穗保："美国加拿大DNA数据库概括及对我国建立DNA数据库的思路"，载《刑事技术》，2001年第4期。

现可能的犯罪嫌疑人；第二，运用"撒网采验 DNA"①的方式在一定区域内查找、寻获犯罪嫌疑人；第三，根据被害人或举报人的指控，对特定人提取 DNA，与现场发现的 DNA 相比对，以补强被害人陈述或证人证言，从而达到认定或排除犯罪嫌疑人作案嫌疑的目的。在上述三种方式中，应用价值最大、前景最广的无疑是第一种，信息化的运转方式使得 DNA 证据获得了更强大的功能，它是各国 DNA 证据体系中建设的重点，但同时也面临了较大的争议。

从总体上看，西方发达国家在 DNA 鉴定技术应用中也呈现出一些共性趋势。

第一，应用案件范围不断扩大。

各国在刑事司法领域中对 DNA 技术的应用极为广泛，目前已经不再局限于传统的凶杀、强奸等重大刑事案件，而是越来越多地拓展到了入室盗窃、抢劫、盗抢机动车辆、诈骗等多种侵财型案件以及毒品及涉枪等案件的侦破，并且发挥着日益重要的作用。此外，通过 DNA 证据被证实无罪而获释并获得国家赔偿的案例频频见诸报端，很多国家都不乏这样的案例。比较有代表性的是美国的"定罪后 DNA 检测"机制（Postconviction DNA Testing）。1989 年 8 月 14 日，美国伊利诺斯州芝加哥市库克郡巡回法院宣布 1979 年加利·多特森（Gary Dotson）强奸案件的判决无效，并撤销了定罪裁决，

---

① "撒网采验 DNA" 又称 "大规模无令状 DNA 测试"（Mass Warrantless DNA Identification Testing），是指在未确定犯罪嫌疑人的情况下，侦查机关对一定区域内有可能涉案的人群逐一采集 DNA 证据并作 DNA 分析，以确认犯罪嫌疑人的侦查方式。

这是美国第一次利用"定罪后 DNA 检测"纠正错案。自此之后，随着 DNA 检测技术的成熟，被发现的错案逐渐增加，2004 年"定罪后 DNA 检测"写入《美国无辜者保护法》(The Innocence Protection Act)。[①] 自此后，对判决后服刑犯人进行 DNA 检测在各国受到了越来越广泛的关注和重视。

第二，相关立法不断完善。

各国在 DNA 技术发展过程中，非常重视立法，如，美国 1994 年通过了《美国 DNA 鉴定法》；英国 1995 年通过了关于 DNA 样本提取的《英国样本提取条例》；新西兰 1995 年通过《新西兰刑事侦查（血液样本）法》；德国 1998 年 8 月通过了《德国 DNA 鉴定法》；加拿大 1998 年 12 月通过了《加拿大 DNA 鉴定法》等。此外，荷兰、奥地利、法国、瑞典、瑞士等国也都在 20 世纪 90 年代中后期制定了关于 DNA 技术的特别法，对 DNA 样本的采集、保存、流转、分析、解释以及 DNA 鉴定技术人员的资格和 DNA 鉴定机构的准入，DNA 证据的证据规则等作了详细规定，使得刑事司法应用 DNA 技术有法可依、有章可循，从而从程序和技术两个层面保障了 DNA 鉴定的科学性，最大限度避免了因 DNA 鉴定过程中的失误造成的冤案、错案。此外，各国也非常重视对样本采集人员、鉴定分析人员、检察官、法官和律师等相关人员进行 DNA 知识的普及和培训，一方面保障在 DNA 检测中操作的规范性，另一方面保障相关人员对 DNA 的了解以便更好地发挥 DNA 的证明价值。

---

① Daniel S. Medwed, "Actual Innocents: Considerations in Selecting Cases for a New Innocence Project", 81 *Neb. L. Rev.* 1097, 1098 (2003).

第三，重视信息技术条件下 DNA 技术的应用。

DNA 数据库技术是 DNA 技术与计算机技术的结合，它将大量样本的信息特别是 DNA 分型数据信息存放在一个计算机信息库中，以提供数据查询、比对，从而快速找到或排除犯罪嫌疑人，进行案件串并，为案件侦破提供线索，提升侦查工作效率。随着法医 DNA 分型技术的成熟以及信息技术的不断发展，DNA 数据库也不断发展壮大。DNA 数据库在刑事司法领域所发挥的重要作用，日益为越来越多的国家所发现，越来越多的国家开始积极建设本国 DNA 数据库，或是在原有规模上加大建设力度，但基本上都采取了一种"先立法后建设"的方式推进。对此，笔者将在下文进行详述。

第三节　DNA 鉴定技术在我国的引入与应用

一、我国法医学技术的发展脉络

运用法医学技术进行身份识别在我国司法史上具有漫长的历史，它伴随着我国司法检验技术的进步而逐渐发展。根据"云梦秦简"的记载，至迟在战国时代，我国就具有了个人识别性质的司法检验工作。《封诊式·穴盗》就细致而生动地记录了一个挖洞进入人家的盗窃案件的现场。它不仅指出了洞的位置、形状、大小以及挖洞工具的宽度，而且还记录了"内中及穴中外壤上有膝、手迹，膝、手各六所。"[①] 这

---

① 刘持平著：《指纹的奥秘》，群众出版社，2001 年版，第 18 页。

一记载表明,至少在秦代,司法人员已将"手迹"作为作案现场勘查的重要证据之一。此外,在秦汉法律中,也出现了一些损伤检验的专门术语。到了南北朝时期,我国司法实践中已经开始出现了"滴血认亲"、利用桐油为催吐剂检验胃内容物的司法检验案例。[①] 至宋朝时期,我国已经形成了较为系统的司法检验制度。宋代的检验制度除了明确规定了有权实施检验的人员、检验官职责、失职情况及应得法律处罚之外,也制定了严密的检验程序来保证检验活动准确合法进行,而且检验笔录也进行了明确规定,正是在这一时期,关于司法检验的著述也大量出现,其中最知名的有:和凝、和曚父子的《疑狱集》(公元936～946年),郑克的《折狱鉴》(公元1311～1162年),桂万荣的《棠阴比事》(公元1211年)等。宋理宗淳祐七年(公元1247年),我国伟大的法医学家宋慈(字惠父,公元1186～1249年)博采前人经验,加上自己的实践,撰成《洗冤集录》一书。该书对损伤、个人识别、窒息、中毒、现场勘查、尸体检查等主要内容均有系统论述,因而也对后代法医学之发展产生了深远的影响。在我国封建时代的法医学发展史上,宋朝应当是一个顶峰阶段,后世元、明、清之立法基本上都沿循宋制,并无超越性改变。就笔者所掌握的文献资料来看,清末除了受西方国家的影响,于1905年在青岛采用了德国的"汉堡式指纹法"、1909年在上海英租界巡捕房采用了英国的"亨利式指纹法"、法租界采用法国的"爱蒙培尔式指纹法"之外,其他法医学

---

① 闫晓君著:《出土文献与古代司法检验史研究》,中国文物出版社,2005年版,第126、128页。

检验手段的运用则非常鲜见。对此,我国著名的侦查学者王传道教授就曾指出,"到了明代,在司法活动中应用技术手段已微乎其微,明律中仅保留了验尸的条款。清朝主要依靠军队和特务机关维护其统治地位,在司法活动中根本不重视技术手段的研究"。① 辛亥革命推翻了封建制度及由此而来的检验体制。1922年,"中华民国"北京政府颁布的《刑事诉讼条例》首次提出了"鉴定"的概念,将活体检查与实体勘验都规定于"鉴定"之中。该法在尸体勘验方面有了突破性的进展,在我国的历史上第一次冲破了封建法典不允许解剖尸体的长期束缚,为今后的法医解剖奠定了基础,正如我国学者贾静涛教授在评价这一时期的法律发展时指出,"为查清死因准许解剖尸体,这是中国古代法医学与现代法医学的分水岭,是现代法医学赖以发展的基石。"② 但是,就活体检查而言,该法并未过多提及。"中华民国"南京政府在1928年颁布并于1935年修正的《中华民国刑事诉讼法》亦将法医学检验措施规定于"鉴定"部分中,该法第12章"证据"第3节"鉴定"(第198条至第218条)除了对鉴定人的资格、选任、权限等鉴定事项做出规定之外,第一次在法律中明确了人身检查的限制,即"对于被告人以外的人,只有在有相当理由可认为对于调查犯罪情形有必要方可;检查妇女

---

① 王传道著:《侦查学原理》,中国政法大学出版社,2001年版,第323页。

② 贾静涛著:《世界法医学与法科学史》(上),科学出版社,2000年版,第275页。

身体，应命医师或妇女行之。"① 这种对人身检查的限制性规范标志着我国法医学检验的立法首次由单纯的技术规定向价值理念层面的转化，西方人权保障的思想融入其中。新中国成立后，随着科学技术的快速发展，越来越多的新型技术开始应用于刑事司法活动之中，20世纪80年代，DNA鉴定技术开始进入我国并逐渐应用于司法活动实践。

二、DNA鉴定技术的引入与发展

我国最早公开发表有关DNA技术可运用于刑事司法的文献是由洪贤慷和刘祖洞两位先生在《中国法医学杂志》1986年第3期合作发表的《重组DNA技术在法医物证鉴定中的应用》一文，该文是国内第一篇介绍DNA鉴定技术的论文。随后，《中国法医学杂志》在1988年第1期和第3期连续发表了10篇有关DNA鉴定方法的论文和译文，上述译文主要介绍了DNA鉴定技术的新发展。可以说，《中国法医学杂志》成为我国引入和介绍DNA鉴定技术的第一个平台。1989年9月，李伯龄等专家在《中国法医学杂志》发表的《DNA指纹技术在强奸案和亲子鉴定中的应用》一文成为首篇系统介绍DNA鉴定在我国刑事司法中运用的文章。该文总结和分析了公安部第二研究所鉴定的20起有关DNA证据的案件，在上述20起案件中，除6起涉及亲子鉴定外，"有强奸、轮奸、强奸杀人案件14起，送检物证检材包括棉毯、床单、裤

---

① 黄瑞亭主编：《中国近现代法医学发展史》，福州：福建教育出版社，1997年版，第39页。

子、纱布、棉花、滤纸、卫生纸等。14起案件中，除一起被奸女尸被烧焦，其阴道涂擦物上精子DNA完全降解未得到结论外，有10起案件认定嫌疑人，3起案件否定嫌疑人。"[1] 由此可以看出，在1989年以前，DNA鉴定技术已经开始应用于我国刑事司法实践，我国关于DNA证据的研究也已经呈现逐渐成体系之势，这和国外基本同步。而据资料显示，我国首例运用DNA证据的刑事案件于1988年10月发生在辽宁省。1988年10月，辽宁省喀左县一女青年被奸杀，在重大嫌疑人李某某衣服上发现的血斑与李本人及受害人的血样均为B型，按以往的刑事检验手段无法进一步分辨。经DNA检验，确认李某某衣服上血斑系被害女青年的血，从而提供了铁证。而首例运用DNA证据为犯罪嫌疑人洗冤的案件也于同期发生在辽宁。1988年10月，沈阳市一名女工程师在家中被奸杀，现场遗留的避孕套内有精液。经排查，与被害人长期通奸的一名嫌疑人嫌疑重大，其血型与现场精液同属B型，酶型检验均为pgm2-1型，又在现场发现了嫌疑人遗留的眼镜盒。在拘留审查过程中，嫌疑人时供时翻；无法结案。最后应用DNA鉴定技术，查明现场精液并非嫌疑人所留，从而避免了一起错案。[2]

　　DNA鉴定技术引入我国之后，这一技术以其独特的科学性、精确性和排他性，为证据甄别、身份确认、嫌疑人锁定和案件侦破提供了强有力的技术支撑，被广大刑侦技术人员

---

[1] 李伯龄等："DNA指纹技术在强奸案和亲子鉴定中的应用"，载《中国法医学杂志》，1989年第4期。

[2] 兰绍江："DNA的特性及应用"，载《警察学研究》，1995年第1期。

誉为"证据之王",为打击刑事犯罪、维护治安稳定做出了不可磨灭的贡献,这一技术也拉动了我国刑事技术水平的整体提升,近年来,我国刑事侦查工作的信息化、科技含量显著提高。和域外主要法治国家相同,我国近年在DNA数据库的建设上也投注了越来越多的精力,后文将有详述。在1989年举办的中国DNA指纹技术成果鉴定会上,法医学界的专家学者、公安司法机关的领导提出建立"DNA指纹数据库"的构想。[①] 1996年,公安部物证鉴定中心首次提出建立实验型DNA数据库的建议。1998年,公安部、司法部等有关部门开始从技术的角度着手构建DNA数据库,国家计委批准将"法庭DNA质量控制技术及DNA数据库"立项为国家重点工程。同年,司法部司法鉴定科学技术研究所承担的"中国罪犯DNA数据库模式库"研究项目已经完成,检验了2500名罪犯的13个STR基因座,并对取得的遗传资料进行了统计学分析。[②] 公安部物证鉴定中心完成了5000人份的"法医DNA数据库"研究课题,1999年公安部立项进行了法医DNA检验标准规范方案的制定,并在此基础上建立北京市法医DNA数据库,该数据库由未破案件的现场生物检材库、犯罪嫌疑人DNA分型数据库、失踪人员库和打拐数据库几部分组成。[③] 2004年公安部印发《2004—2008年公安机关DNA数据库建设规划》,明确DNA数据库是国家基础数据库和公

[①] 姜先华:"中国法庭科学DNA数据库",载《中国法医学杂志》,2006年第5期。

[②] 刘晓丹著:《论科学证据》,中国检察出版社,2010年版,第291页。

[③] 刘雅诚等:"法医DNA数据库初见成效",载《刑事技术》,2003年第1期。

安科技建设的组成部分,是"金盾工程"的重点建设项目。如今,北京、上海、广州等地已建立起辖区内的 DNA 数据库,取得初步成效。我国公安机关 DNA 数据库至 2005 年开始投入运行以来,经过近十年的发展,数据库容量迅速增大,破案效益不断增强,截至 2013 年 8 月 31 日,我国公安机关 DNA 数据库数据总量达到 2242.2 万条,数据总量稳居世界第一位。[①]

但是,我们也必须看到,和司法实践的大量运用形成强烈反差的是,我国关于 DNA 鉴定、DNA 证据应用、DNA 数据库的立法极为粗疏,甚至在很多方面尚处于无法可依的状态。在深入推进法治国家建设的今天,这种现象无疑应当引起我们的重视,笔者在下文将对此进行专门分析。

[①] 葛百川等:"践行科学发展观,以阶梯式发展理论指导我国公安机关 DNA 数据库科学发展",载葛百川主编《DNA 数据库建设应用成果与展望Ⅲ——第三届全国公安机关 DNA 数据库建设应用研讨会论文集》,中国人民公安大学出版社,2013 年版。

第二章　DNA 证据的内涵及其运用

作为一种新型证据，DNA 证据有什么属性与特征？它在刑事诉讼活动中发挥了什么样的作用？如何对诉讼中的 DNA 证据进行审查？这些问题的解决，不仅可深化我们对这一新型证据来源的认识，也有助于深化我国证据理论研究的深入。

第一节　DNA 证据的内涵

一、DNA 证据的证据属性

DNA 证据的属性比较特殊，就实质而言，DNA 证据本身可划归物证范畴；而从形式上看，将 DNA 证据应用于诉讼中的证据方法则通常表现鉴定结论（鉴定人）。因此，探讨 DNA 证据的证据属性需要从实质和形式两个层面来进行。

（一）DNA 证据的证据资料形态[①]

根据我国学界的一般表述，物证是指据以查明案件真实情况的一切物品和痕迹，这些物品和痕迹包括作案的工具、行为所侵害的客体物、行为过程中所遗留的痕迹与物品，以及其他能够揭露和证明案件发生的物品和痕迹等。[②] DNA 证据的信息载体形式，如指纹、血液、毛发等都是可以起到证明作用，以痕迹或物品的形式表现出来的证据形式，符合物证的一般特点。从表现形式上看，物证分为常量物证和微量物证两种，两者是以人的感官是否直接感知为标准进行的区分，"通常人眼能够直接感知和辨认的物体属于常量证据，需要借助于仪器或特定的物理、化学方法才能鉴别的细微物体则称为微物证据。比如遗留在犯罪现场的血液、毛发等一般属于常量证据；而从血液或毛发中检测得来的遗传物质则一般属于微物证据""常量证据的证明力一般产生于外部结构或表现形态，微物证据的证明力则大都形成于物质内部的分子结构或所含的微量元素"[③]。根据这种划分模式，DNA 证据无疑归属于微物证据的范畴，其本身的物质形态对案件认定并无作用，而将其内部所蕴含之证据信息展示出来的相关学理和技术已经不是法官的法律专业所能驾驭，必须要借助专家分析才能进行。

[①] 证据包含两层含义：其一是作为证据资料，即案件中遗留下的主观印象痕迹和客观物质痕迹；其二是证据方法，即发掘证据资料并将其运用于诉讼的方法和手段。参见龙宗智：《证据分类制度及其改革》，《法学研究》，2005 年第 5 期，第 90 页。

[②] 卞建林主编：《证据法学》，中国政法大学出版社，2002 年版，第 85 页。

[③] 陈浩然著：《证据学原理》，华东理工大学出版社，2002 年版，第 219 页。

由上述分析不难看出，从证据资料的表现形态而言，DNA证据具有物证特性，但由于其表现形态的特殊性，将DNA证据应用于诉讼中的证据方法则通常表现为鉴定结论（鉴定人）。①

（二）DNA证据的证据方法

作为微物证据的一种，DNA证据特殊表现形态决定了其关联性、合法性以及真实性都需要通过专门程序（鉴定程序）之加工、专业人员（鉴定人）之主观意识活动后，才能进入诉讼轨道，发挥其证明作用。这使得DNA证据所蕴含之证据信息从采集到最终作为诉讼证据使用要经过两个阶段的判断：第一阶段是关于样本取得程序，这一阶段主要是关于侦查手段的适用问题，侦查手段的不合法必然导致所取得的DNA证据无证据能力；第二阶段则是以鉴定程序为核心展开，样本的保存、鉴定过程规范与否等都必然影响其证据能力。

从国外立法情况来看，许多国家在原有证据规则体系下发展出了对于DNA证据这种新型证据资料的运用规则，限于篇幅，本书仅以美国和日本为例说明：美国对于DNA证据讨论的主轴，在于DNA证据作为证据资料是否具有许可性的问题，也即是否有证据能力的问题。② 所以只要认可了DNA证据的许可性，该DNA证据中蕴含的证据信息就可以呈现于陪审团前，而将其呈现的证据方法则是通过《美国联邦证据规

---

① 许泽天著：《刑事诉讼法论Ⅱ：证据之搜集调查与使用》（增订二版），神州图书出版有限公司，2003年版，第275–276页。

② 采集DNA证据在美国被视为是一种搜查行为，其需要遵守关于搜查的一般程序规定。这即意味着：作为搜查之一的血液采样，也必须遵守非法证据排除法则的相关规定，对于没有按照合法搜查方法而取得的DNA证据资料，其许可性将被排除，不论该样本所蕴含信息能否协助陪审团认定事实。

则》第 702 条所规定的"专家证人"。① 这也就意味着，DNA 证据资料只有在获得许可性之后，才有专家证人的问题，因此通常必须在审前程序中，由法官决定该 DNA 证据是否许可的问题。至于除了采样程序影响"许可性"之判断之外，对 DNA 证据的分析结论作为科学证据，也要接受"许可性"的评价，对其评价则主要依据美国司法上的"Frye 规则"② 以及 1993 年之后的"Daubert 规则"③。由于《美国联邦证据规

---

① 《美国联邦证据规则》第 702 条规定：如果科学、技术或者其他专门知识能够帮助事实的审问者了解证据或者判定争议中的事实，那么满足作为专家要求的知识、技能、经验、训练或者教育的证人就可以专家意见或者其他形式作证。《美国联邦证据规则》于 2000 年 4 月对第 702 条进行了修正，在原先的基础上增加了三个限定性条件，即提供专家证言须符合以下条件：(1) 证言基于充足的事实或数据；(2) 证言是可靠的原理或方法的产物，且 (3) 证人将这些原理和方法可靠地适用于案件的事实。参见 Kenneth S. Cohen, Expert Witnessing and Scientific Testimony: Surviving in the Courtroom, Talor & Francis Group LLC , 2008, pp. 357 – 358.

② 美国 1923 年在 Frye v. United States 一案中首次提出法院采用科学证据之标准，一般通称"Frye 规则"。该规则提出：任何科学证据资料，必须在其所属之专门领域内，被"普遍接受"(General Acceptance) 的科学上的规则或发现认定后，才可以容许为证据。因此，本规则包含两项程序性要求：第一，应先确定该科学定理所属的专门领域及其相关科学团体；第二，确认上述专门领域的团体是否接受该项科学证据资料。参见：Frye v. United States, 293 F. 1013 (D. C. Cir. 1923)。

③ 美国联邦最高法院于 1993 年在 Daubert v. Merrell Dow Pharmaceuticals 一案判决中就如何判断专家证言是否为"科学上有效的知识"提出如下标准：(1) 该理论或技术应能接受实证 (Empirical) 检验；(2) 该理论或技术不曾为该专业审查或发表；(3) 对于特殊的科学技术，法官也应当审查已知或潜在错误之比率，以及有无建立之应用或技术操作的客观标准；(4) Frye 标准所确定的"普遍接受原则"在个案判断时也应当予以考虑。该案所确立的科学证据判断标准被称为"Daubert 规则"。之后，美国联邦最高法院 1999 年在 Kumho Tire Co. , Ltd. v. Carmichael 一案的终审判决中再次指出，"Daubert 规则"适用于所有的专家证据（包括科学类证据和基于积累的技术和经验证据）。参见 Daubert v. Merrell Dow Pharmaceuticals, 509 U. S. 579 (1993); Kumho Tire Co. , Ltd. v. Carmichael, 526 U. S. 137 (1999)。

则》第702条规定,"能协助事实认定者决定待证事实"时,该专家证人才能够在法庭上作证,因此美国对DNA证据的分析结论进行判断时,是将证据能力和证明力结合在一起的,也即只有当一个科学证据必须能提供相当的证明力时,才能得到许可性的承认。

日本判例与学界见解则将采集到的DNA证据视为第一次证据,而关于该DNA证据的鉴定结论(鉴定书)则属于第一次证据的派生证据,这种分析鉴定结论被视为第一次证据的代表,其与第一次证据具有一体性,违法收集DNA证据所取得的分析鉴定结论也不具有证据能力。[1]而对于DNA证据的鉴定分析结论是否能够进入诉讼程序则主要是通过对"所采用的鉴定技术之妥当性"和"鉴定技术之正确运用"两个方面进行判断,如果符合这两个方面的要求,则认可对DNA证据进行鉴定后所形成结论的证据能力,反之则否定其证据能力;至于DNA证据的分析方法是否具有科学有效性,则是在自然关联性检讨与证明力判断中形成。[2]我国学者也指出:证据资料具有直接的证明作用,证据方法通过开掘前一类资料的信息以及进一步信息的发现,也具有证明作用,因此均系证据。[3]根据这种观点,DNA证据及对其鉴定所形成的结论都可作为证据应用于诉讼,自然也都需受证据规则约束。

---

[1] 井上正仁著:《刑事诉讼における证据排除》,弘文堂,1985年版,第582页。转引自蔡铭书:《科学证据之研究》,台湾大学1999年硕士学位论文,第131页。

[2] Daubert v. Merrell Dow Pharmaceuticals, 509 U. S. 579 (1993); Kumho Tire Co., Ltd. v. Carmichael, 526 U. S. 137 (1999).

[3] 龙宗智:"证据分类制度及其改革",载《法学研究》,2005年第5期。

总之，就 DNA 证据资料的运用而言，各个国家都在其刑事诉讼模式中发展出了关于对其应用的思路，而这套思路是从原有的诉讼模式和诉讼传统中发展出来的理念与构想。因此，如何以原有的证据规则去面对新形态的证据，也是我国在思考 DNA 证据运用问题上的重点所在。

二、DNA 证据的特征

作为一种生物证据，DNA 证据存在着区别于其他传统证据形态的独特特征，它所具有的特征也决定了其在取证程序上的特殊要求。归纳来看，DNA 证据的特征主要表现在以下几个方面。

（一）人身依附性

DNA 证据是直接来源于人的身体，这是 DNA 证据最突出的一个特征，其所表现出来的其他特征都与这个特征密切相关。在刑事案件发生后，侦查机关为了查明案件事实、确定犯罪嫌疑人或者排除某人的犯罪嫌疑，抑或查明被害人的身体所受到的伤害情况，都需要从犯罪嫌疑人或者受害人身体中提取某些组织、体液或者其他身体信息，这些收集证据行为的实施都必须直接作用于人的身体。DNA 证据的这种人身依附特征决定了对其取证手段不同于对其他证据的提取，其对公民基本权利所造成的直接侵害性更大，因此对其使用标准和条件要求更高。此外，由于 DNA 证据是以物质存在的形式来证明案件事实，其不受作证者意念的影响，其检测结果与案件事实之关系是以科学结论为依据。无论操作者是谁，只要遵循科学的检测程序，其结果都是一样，因此与其他类型的证据相比较,"身体证据"具有更强的客观性。

(二) 个体唯一性

DNA 证据的个体性是由于其来源特殊所带来的不可替代性,DNA 证据直接来源于人的身体,而人的身体组织中所包含的信息都具有唯一性,也即具有个体化特征,这也是通过获取 DNA 证据进行人身识别的依据所在。仅就 DNA 证据中所蕴含之 DNA 信息而言,相关研究数据显示:如果用 33.15DNA 探针,两个无关个体之间相同的机会小于 3000 亿分之一,即便是同胞的兄弟姐妹之间,完全相同的概率也才只有 200 万分之一;如果用 33.15 和 33.16 两个探针,无关个体之间的相同机会就更小,[1] 正是在这个意义上讲,DNA 被称为"上帝给予的身份证",而利用 DNA 技术进行人身识别则分别被称为"人类有史以来,在证物个体化方面最为伟大的突破"[2]、"继'交叉询问'之后,21 世纪所发明的发现事实的最佳法律装置"[3] 以及"法庭科学有史以来最大进步"[4]。但也正因为其所含信息的特殊性,DNA 信息也被称为"个人隐私的深层次内容和核心部分"。[5] 作为蕴含 DNA 信息的 DNA 证据无疑具有唯一性的特征,这种特征决定了其具有

---

[1] 季美君著:《专家证据制度研究》,北京大学出版社,2008 年版,第 148 页。

[2] Lee Thaggard, "DNA Fingerprinting: Overview of the Impact of the Genetic Witness on the American System of Criminal Justice", 61 *Miss. L. J.* 423. 442 (1991).

[3] Seth F. Kreimer, "Truth Machines and Consequences: The Light and Dark Sides of Accuracy in Criminal Justice", 60 *N. Y. U. Ann. Surv. Am. L.* 655 (2005).

[4] Rebecea Sasser Peteoon, DNA Databases: When Fear Does Too Far, 37*Am. Crim. L. Rev.* 1210, 1213 (2000).

[5] 刘大洪:"基因技术与隐私保护",载《中国法学》,2006 年第 2 期。

较强的指向性，从而使得其对刑事侦查中的人身同一性识别起着重要作用。

（三）技术依赖性

DNA 证据是一种典型的"科学检验型"证据。"科学检验型"证据是具有专门知识的专家，对案件事实存在的原因以及与其他事实的内在联系，依据特定的科学原理和方法进行检验而得出的判断和结论。这种判断和结论是否具有可信性，不仅依赖于案件事实的呈现状态，更多的是与科学原理是否可靠、检验方法是否合理、具体操作是否正确等具有密切联系。[1] 如上所述，由于 DNA 证据本身所存在的物质形态对案件认定并无作用，而其内部所蕴含之信息必须依靠技术手段才能展现出来，离开了科学技术的支撑，DNA 证据就难以发挥它应有的证明作用。此外，DNA 证据的提取、固定也必须借助于技术手段才能得以实现。例如，无论是通过指采或耳采等方式提取犯罪嫌疑人的血迹样本，还是利用生物学、化学等技术方法将其与遗留在现场或性侵害案件受害人体内的生物遗留物内部所含 DNA 序列进行比对，科学技术在整个环节中都起着重要作用。甚至可以说，在刑事诉讼中，没有哪一个措施能像 DNA 证据等生物证据的使用这样倚重于技术手段。为了完成其采证及认证，它往往需要熟悉和掌握物理学、生物学、化学、医学、心理学等科学知识和科学方法，并且要综合运用上述知识对 DNA 证据进行观察、分析、比较、判断

---

[1] 张斌："论科学证据的三大基本理论问题"，载《证据科学》，2008 年第 2 期。

后，方能做出准确结论。也正是由于对 DNA 证据进行鉴定的过程中必须运用较多门类的科学知识和科学方法，因此在判断其证据能力问题上，除了考虑其采集程序之外，还需要考虑科学规范和技术标准等要素。

除了上述特征外，DNA 证据如果转化为诉讼证据，取得证据资格之后，其蕴含的证据信息之证明力往往大于其他证据，被告可接受程度也比较高。"身体证据"所显现的独特优势是其他证据无法企及的。但是，DNA 证据也属于间接证据的范畴，其能够证明的案件信息也显得比较有限，往往只能够直接证明的也只是案件中的某一阶段或者某一方面的情况，因此只有与其他相关证据组合成一个综合信息体系后才能够证明全部案件事实。另需指出的是，由于 DNA 证据需要通过鉴定环节转化才能使用，而鉴定环节中的许多因素都会影响其结论的得出，因此在 DNA 证据使用上也暴露出一定局限性。下文对此将进行详述。

第二节　DNA 证据的应用价值

一、提升侦查效率的现实需要

从世界范围来看，犯罪总数呈现激增态势，有限的司法资源根本无法应付大量的刑事犯罪，而较低的犯罪侦破效率客观上助长了犯罪分子的侥幸心理。如美国强奸罪的破案率为 45%，重伤害罪破案率为 57%，抢劫罪破案率为 26%；日本的恶性犯罪案件达 2.23 万起左右，破案率为 50.2%；

DNA 证据的应用与规制

而据德国联邦刑警局记录在案的犯罪统计，破案率只有19.5%。[①] 在我国，根据全国公安机关和检察机关的刑事立案统计，2014 年全国刑事案件立案数与 2013 年相比基本持平，维持在 65 万起左右。从 2014 年最高人民检察院工作报告显示，2014 年全国检察机关共批准逮捕各类刑事犯罪嫌疑人 879 615 人，同比下降 0.02%；提起公诉 1 391 225 人，同比上升 5%。2014 年最高人民法院工作报告显示，人民法院审判案件数略有上升，2014 年全国各级人民法院审结一审刑事案件 102.3 万件，判处罪犯 118.4 万人，同比分别上升 7.2% 和 2.2%。数据见图 2-1。

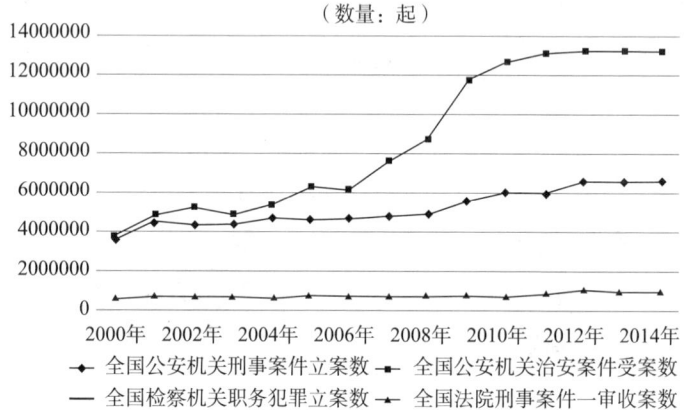

图 2-1 2000~2014 年全国公安机关治安案件受案数、刑事案件立案数全国检察机关职务犯罪立案数和全国法院一审刑事案件收案数趋势图

资料来源和说明：2000—2013 年数据来源于 2001—2014 年中国法律年签社每年出版的《中国法律年鉴》，2014 年全国检察机关职务犯罪立案数和全国法院一审刑事案件收案数分别来源于 2015 年最高人民检察院和最高人民法院工作报告。

---

① 以上资料摘自"浅谈国外警方如何借助先进科技手段提高破案率"，http://www.cpsmedia.cn/ztnews，2015-8-8。

第二章　DNA 证据的内涵及其运用

参考上述数据，结合实际调研，笔者认为我国刑事案件实际破案率可能不超过 35%。面对案件数量的激增，侦查效率的低下无疑会强化罪犯企图逃脱惩罚的侥幸心理，削弱刑事司法机关的威慑力，并将给社会秩序带来更严重的威胁。因此，如何有效提高侦查效率成为各国都非常重视的一个问题，而在其他方面短期变化不大的情况下，侦查技术之提升无疑是提升效率的最有效途径。

随着现代科技的发展，越来越多的技术手段被用于刑事案件侦查工作，正如德国联邦法院在一个案件的判决书中所指出，"刑事科学和科技提出新的侦查方法，这些方法会导致就行为人之发现和证明被告有罪，具有渐增的陈述力……刑事诉讼法对于刑事科学领域的进一步发展和新发现，保持着开放的态度。一个有效的刑事诉讼在今天说来，已经不可能没有科学或科技方法的辅助"[①]。笔者在调研时，已深切感受到技术发展给侦查工作所带来的变化，如一位侦查部门的领导就不无感慨地总结道，"过去的'勘查访问、摸底排队、突击审讯'老三板斧如今已经被'现场采证、指纹识别、DNA 破案'新三板斧所取代"。由此可见技术发展所带来的侦查方法之转变。就 DNA 证据措施的适用而言，科学技术的发展使 DNA 证据的范围更加广泛，尤其随着 DNA 技术的发展，DNA 证据措施在刑事案件的侦查中起着越来越重要的作用：一方面，通过指纹、DNA 图谱比对来排除或确定犯罪嫌疑人，为侦查指明方向。通过对犯罪嫌疑人的人体生物样本

[①] 参见许恒达著：《科学证据的后设反思——以刑事程序上的 DNA 证据为例》，台湾大学硕士论文，2002 年 7 月，第 125 页。

(血液、精液、唾液等）分析结果与犯罪现场人体遗留物的人体生物样本信息进行比对，如果不能匹配，则基本上可以考虑将其犯罪嫌疑排除。如美国联邦调查局（FBI）的统计结果表明：大约有 1/3 的犯罪嫌疑人是通过 DNA 检测后被免除其嫌疑人身份的，而且被排除的这些犯罪嫌疑人在利用 DNA 检测之前通过其他的方法都不足以排除其嫌疑。[1] 另一方面，为串、并案提供了依据。这类案例近年来在国内外俯拾皆是，如我国香港特别行政区立法委员会保安事务委员会在 1999 年提交的《关于抽取体内样本和非体内样本的拟立法例》的征求意见稿附录中就列举了一系列国内外比较典型的案例，以论证 DNA 采样对案件侦破的重要作用。[2] 我国大陆

---

[1] Allioon Purl, "An International DNA Database: Balancing Hope, Priavacy, and Science Error", 24B. C. Intl&Comp. L. Rev. 350, 355 (2001).

[2] 案例一：1992 年 4 月至 1993 年 4 月的 1 年内，我国香港屯门区发生多宗性袭击案，令区内居民人心惶惶。这些袭击事件初时只是暴力强奸，后来演变为强奸及凶杀，1993 年最少有两名年轻女子被杀。DNA 纹印数据显示，有八宗这类罪案都是由当时人称"屯门色魔"的凶徒所为。在 1993 年末，红磡区亦出现一名连环色魔。警方接获两宗罪案的举报后，很快便在同年 8 月抓获一名疑犯，DNA 比对后证实他就是"屯门色魔"。该犯承认全部控罪，后被判终身监禁，现正在监狱服刑。案例二：1995 年 9 月，英国 15 岁的女性公民 Naomi Smith 的尸体被发现弃置于纳尼顿附近。警方在受害人胸部被咬伤处发现一小块不属于她的皮屑并从中抽取到 DNA 样本。警方利用分析凶徒 DNA 技术对该区的年轻男子进行大规模 DNA 测试，最后疑犯被查出并被逮捕和判决有罪，该案同时也得到了一名牙科学专家的作证支持。1997 年 1 月，疑犯在伯明翰刑事法庭接受审判，他被裁定罪名成立。案例三：1991 年，在美国佛罗里达州有一名凶徒多次闯入单身女子的寓所，用有刺铁线将受害人捆绑，并对受害人施以诸般虐害和强暴。然后，系列袭击案突然终止，当时警方毫无头绪，也没有发现任何疑凶。至 1996 年，另一个州有一名被判刑的入室抢劫犯在假释前接受例行的 DNA 检验时，其 DNA 的检验结果证实他是上述多宗性袭击案的凶手。以上案例摘自我国香港立法委员会保安事务委员会：《关于抽取体内样本和非体内样本的拟立法例（附录）》，中国香港特别行政区立法会网站：http://sc.legco.gov.hk/sc/www.legco.gov.hk，2015 - 8 - 8。

地区近年来也将指纹、DNA 识别技术广泛运用于刑事案件侦破，并取得了非常明显的效果。2004 年以来，全国命案破案率连续 4 年保持在 90% 以上，2008 年命案破案率达到 93.1%，全国有 28 个省、市、自治区破案率超过 90%，2008 年，命案发案数比 2004 年下降了 27.31%，① 到 2013 年底，我国 DNA 实验室的数量已由 2008 年的 236 个增加至 362 个。截至 2013 年 8 月 31 日，我国公安机关 DNA 数据库数据总量达到 2242.2 万条，数据总量稳居世界第一位；2012 年直接认定刑事案件涉案人员数和案件数分别为 8.9 万人、9.3 万起；现场生物物证 DNA 信息入库比中率达到 23.59%，违法犯罪人员 DNA 信息入库比中率达到 1.41%。②

二、防止错案发生的迫切需求

如何保证案件实体真实、防止错案的发生无疑是任何一个国家法律都致力达到的目标，而随着科技鉴定在刑事诉讼程序中扮演日益重要的角色。通过 DNA 证据获取的人体生物样本因为具有个体独属性，因此比其他供述证据更具有公信力。尤其是在保证案件真实、防止错案以及纠正错案方面，DNA 证据发挥了其他证据所无法取代的作用，因此其被誉为

---

① 杜航伟：“公安部已建立 236 个 DNA 实验室 为破案提供科技支撑”，http://www.chinanews.com.cn，2015 - 8 - 8。

② 以上数据来源于张怀才：《试述我国公安 DNA 数据在侦查中的应用与展望》，华东政法大学，2014 年硕士学位论文，第 11 页。该文作者在浙江省杭州市公安局从事法医 DNA 检验及 DNA 数据库管理工作多年，对目前我国 DNA 数据库在刑事侦查中的应用现状有较深的认识，故其所提供数据较具可信性。

"上帝的手指"(the Finger of God)①。

1989年8月14日,美国伊利诺斯州芝加哥市库克郡巡回法院宣布1979年加利·多特森(Gary Dotson)强奸案件的判决无效,并撤销了定罪裁决,这是美国第一次利用"定罪后DNA检测"纠正错案。自此之后,随着DNA检测技术的成熟,被发现的错案逐渐增加。②"定罪后DNA检测"的出现改变了美国刑事司法的图景。早在数年前,就曾有美国学者对其本国刑事司法体系提出质疑,认为这套体系是存在较大隐患的,它可能会或者已经使一些无辜者被错误定罪,但是这种观点由于缺乏科学依据予以支撑,因此在当时并未得到应有重视。彼时美国刑事司法体系的参与者都对这套司法体系充满自信,认为法院不可能冤枉无辜,③ 如美国第二巡回上诉法院著名法官Learned Hand就曾乐观地宣称,"我们的法律程序经常被所谓无辜者受到有罪判决的幽灵所困扰",那实际上"是一个虚幻的梦"④。随着"定罪后DNA检测"在司法实践中运用后,人们才吃惊地发现,法院确实冤枉了一些无辜者,甚至对他们中的部分人判处了死刑,⑤ 美国联

---

① Aaron P. Stevens, Arresting Crime: "Expanding the Scope of DNA Databases in America", 79 *Tex. L. Rev.* 921, 922 (2001).

② Keith A. Findley, "Learning from our Mistakes: A Criminal Justice Commission to Study Wrongful Convictions", 38 *Cal. W. L. Rev.* 333, 336 (2002).

③ Daniel S. Medwed, "Looking Foreword: Wrongful Convictions and Systemic Reform", 42 *Am. Crim. L. Rev.* 1117 (2005).

④ Cite from Brandon L. Garrett, "Judging Innocence", 108 Colum. L. Rev. 55, 56 (2008).

⑤ Jay D. Aronson, Simon A. Cole, "Science and the Death Penalty: DNA, Innocence, And the Debate Over Capital Punishment In the United States", 34 *Law & Soc. Inquiry* 603, 606 (2009).

邦最高法院 Souter 法官由此而感叹到，"若无 DNA 测试，许多人会认为这是不可能出现的。"① 美国学者在《美国错案报告（1989—2003）》中即指出："在过去的 15 年里，错案率急剧上升。从 20 世纪 90 年代初期每年大约 12 件到 2000 年以后平均每年 43 件。从 1999 年起，大约半数错案都是依靠 DNA 证据发现的。"②

自 1989 年始，截至目前，仅在美国就已经有超过 200 名曾被判有罪者以此洗清了自己的清白③，这些错案的发现和纠正使得美国近年来的判决撤销率达到了 14%。④ 与此同时，这种情况在其他国家的刑事司法体系中也在发生。比如 2009 年，日本的电视、报纸等新闻媒体都在纷纷报道一个"足利事件"，一名被判处无期徒刑的"杀人犯"在服刑 18 年后，又被宣告"无罪释放"，这起案件被称为"世纪冤案"。

> 事件发生在 1990 年 5 月 12 日，日本枥木县足利市一个 4 岁的女孩失踪，第二天在渡良奈川的河岸边发现了该女孩的尸体。1991 年 12 月 2 日，住在该市的司机菅家利和（当时 45 岁）以"猥亵绑架目的杀人"嫌疑被逮捕，而逮捕他的决定性证据是在女孩内裤上残留的体液之 DNA 与他的 DNA 被认定具有同一性。在警察和检察院调查时，

---

① Kansas v. Marsh, 126 S. Ct. 2516, 2544 (2006).

② Ennyung Theresa, Innocence After Guilt："Postconviction DNA Relief for Innocents Who Pled Guilty", 55 *Syracuse L. Rev*160, 172 (2004).

③ The Innocence Project Home Page, http://www.innocenceproject.org, 2015 - 8 - 8.

④ Cite from Brandon L. Garrett, "Judging Innocence", 108 *Colum. L. Rev.* 55, 55 (2008).

菅家利和对自己的犯罪行为供认不讳,但是,在第一审过程中,他又"翻案",声称自己无罪。当时的 DNA 检测是由警察厅科学警察研究所进行的,辩护律师称"对检测结果的准确性有疑问",但是最高法院还是依检测结果宣判其无期徒刑,在千叶县监狱服刑。2008 年 10 月,日本东京最高法院决定重新进行 DNA 检测。2009 年 5 月,新检测结果出来,女孩内裤上的体液与犯罪嫌疑人 DNA 不一致,6 月初,菅家利和被无罪释放。①

在我国香港地区也曾发生过类似的案例:

1991 年,一名男子因强奸罪和抢劫罪被判入狱 18 年,但他在服刑期间一直坚持无罪。到 1993 年,香港刚引进 DNA 科技,该名犯人于是要求利用这种新科技再检验涉案证物,警方于是将 1991 年保存下来的受害人内衣上的残留精液与从该名犯人、受害人及其丈夫抽取的体液样本一起进行了分析。DNA 分析结果表明,精液并非来自受害人的丈夫,因此应该是犯罪实施者留下的,但这些精液与该被判入狱者的 DNA 并不吻合。基于这项新证据,该男子上诉成功,成功推翻判罪,重获自由。②

为什么会出现这些错案?学者们也进行了反思和追问。有美国学者对 1989~2007 年间美国通过 DNA 检测洗清冤屈

---

① 王芳:"DNA 鉴定引发的日本'世纪冤案'",http://www.legaldaily.com.cn,2015-8-8。

② 摘自我国香港立法委员会保安事务委员会:《关于抽取体内样本和非体内样本的拟立法例(附录)》,中国香港特别行政区立法会网站:http://sc.legco.gov.hk,2015-8-8。

的208人进行了调查,发现只有9人曾接受过"有罪答辩"①,也即96%的无辜者是通过正式审理程序认定有罪的。这意味着多数人当初都拒绝进行有罪答辩,因为他们坚信自己是无辜的,即使是在严重谋杀及强奸案中,检察官也难以说服这些人接受有罪答辩。而在美国,68%的谋杀案和84%的严重强奸案的判决都是通过有罪答辩获得②,这类案件如此低的认罪率显然是反常的,这表明这些案件在最初判决时可能就存在疑问,但是法院还是"确定无疑"地判了"错案"。而造成错案发生的原因众多,但主要原因还是在于对目击证人证言以及被害者陈述的过度信赖,由于这类案件往往集中在强奸案和谋杀案中,而这两类案又具有特殊性。在强奸案中,被害人和犯罪行为实施者有直接接触,但是由于很多情况下实施侵害者为陌生人,而被害人在紧张情形下的指认往往会产生偏差且难以排除被害人故意说谎的可能性;在谋杀案中,由于受害人已经死亡,在缺乏其他证据佐证的情况下,目击证人的证言成为认定案件事实的唯一证据,而警方在破案的压力和动机驱动下,往往会过度信赖这类证据,

---

① 在此需要指出的是,美国对于已经接受有罪答辩(Plea of Guilty)而被认定有罪者是否还能申请"定罪后DNA检测"也存在争论。支持者认为,寻求事实是法律的基本精神,每个人都有权申请这项检查以还自己的清白;反对者则认为:法律应禁止这类人利用DNA证据主张自己无罪,因为这种纠错毫无疑问会削弱"认罪答辩"机制的有效性、判决的确定性和终局性。Eunyung Theresa Oh, "Innocence After 'Guilt': Postconviction DNA Relief for Innocents Who Pled Guilty", 55 *Syracuse L. Rev.* 161, 162 (2004).

② Brandon L. Garrett, "Judging Innocence", 108 *Colum. L. Rev.* 55, 75 (2008).

而检察官又说服法官相信警官的判断。①

这些错案的出现使得公众对于刑事司法系统的不信任感提升，在美国一些电视剧、电影、小说中，这些错案被戏剧化，刑事司法系统沦为了公众调侃的对象。② 这种情况也使得法官、律师、立法者以及公众和学者开始反思现有的刑事司法体系：法院如今开始讨论这些错案的法律意义；律师、新闻工作者以及法学院的志愿者们则共同建立了一个"无辜者联盟"，而其目的正在于发现更多的冤案。③ 在立法层面，美国目前已有43个州和哥伦比亚区先后通过了有关"定罪后DNA检测"的法律，规定了被判决有罪者申请DNA检测的权利和途径，另有6个州成立了"无辜者调查委员会"，以对可能存在错误的案件进行调查，而其他州也通过一系列措施来提高刑事侦查和审判的准确性。④ 但是，在没有通过立法授予被判决有罪者申请"定罪后DNA检测"权利的州，能否启动这项检查则由州检察官、警官和法院书记员（Court Clerks）判断掌握，这就不可避免地产生了一个问题：尽管检察官承担着"发现事实真相""匡扶正义"的天然职责，但他们显然一般都不愿对自己所起诉、处理的案件之生效判

---

① Sophia S. Chang, "Protecting the Innocent: Post-Conviction DNA Exoneration", 36 *Hastings Const. L. Q.* 285, 287–289 (2009).

② Brandon L. Garrett, "Judging Innocence", 108 *Colum. L. Rev.* 55, 57 (2008).

③ See The Innocence Network Home Page, at http://www.innocencenetwork.org, 2015-8-8.

④ See "The Innocence Project, Fix the System: National View", at http://www.innocenceproject.org, 2015-8-8.

决提出挑战,因此他们本能地抵制这项工作的开展。[1] 基此,Patrick Leahy 参议员在 2000 年首次向国会提出《美国无辜者保护法》草案,其目的在于"预防对错误定罪者实施刑罚,以树立公众对刑事司法体系的信心,同时防止由于真正的暴力重刑犯在逃而对公众安全造成威胁"。此后,在第 107 届国会上,15 名参议员与 100 多名议员再次提起了《美国无辜者保护法》。2004 年第 108 届国会投票通过了《美国无辜者保护法》,并经布什总统签署后正式生效。2004 年《美国无辜者保护法》的内容包括申请者的资格、申请的期限、检测结果不利时法庭对申请者的处罚、销毁生物证据的条件以及国家错案赔偿等内容。其中特别设置了"定罪后 DNA 检测补助计划"[2],这为各州实施这项法律提供了资金支持。同时,针对司法实践中律师工作的失误,该法要求为死囚提供"合格的法律代理",并通过立法提高了联邦政府国家赔偿的最高额。虽然针对某些问题(如申请期限、滥用申请权的处罚)仍采取严格的限制,但是《美国无辜者保护法》历经多次修正,较之州立法已备显成熟。该法案也成为美国死刑改革的重要组成部分,并被誉为"里程碑式"的立法,这标志着美国"定罪后 DNA 检测"的立法进入了成熟阶段。[3]

---

[1] Seth F. Kreimer & David Rudovsky, "Double Helix, Double Bind: Factual Innocence and Postconviction DNA Testing", 151 *U. Pa. L. Rev.* 547, 554 (2002).

[2] "定罪后 DNA 检测"的费用较高,据统计,每案需花费 2500~5000 美元。See Daniel S. Medwed, "Actual Innocents: Considerations in Selecting Cases for a New Innocence Project", 81 *Neb. L. Rev.* 1097, 1098 (2003).

[3] Michael E. Kleinert, "Improving the Quality of Justice: the Innocence Protection Act of 2004 Ensures post-conviction DNA Testing, Better legal Representation, and Increased Compensation for the Wrongfully Imprisoned", 44 *Brandeis L. J.* 491, 501 – 506 (2006).

从实践情况来看，我国也有尽快建立"定罪后 DNA 检测"的必要性。在"赵作海冤案"中，据以认定赵作海杀死"被害人"赵振响的是一具未见头颅的残缺尸体，其实判断尸体是否是赵振响很简单，只需提取其 DNA 与赵振响的直系血亲比对即可，但受当时的刑事技术水平所限，并未使用该技术，草率定案，以致冤案发生。当时若使用 DNA 检测技术，赵作海定案后若有权申请启动"定罪后 DNA 检测"机制，可能错判即便作出，也早就得到发现和纠正了。

三、预防犯罪的现实要求

在对当前各类严重刑事犯罪的打击中，仅仅依靠传统的"被动型"侦查方式已不能满足控制犯罪、保护社会的需要。一些严重的刑事犯罪一旦发生，就会给公民的生命和财产造成重大伤亡和损失，以 2003 年侦破的震惊全国的杨新海、黄勇连环杀人案为例。

> 杨新海曾因盗窃、强奸被 2 次劳教、1 次判刑。2000 年出狱后，他连续在河南、安徽、河北和山东 4 省疯狂作案 25 起，杀死 67 人，伤 10 人，强奸 23 人，直到 2003 年 11 月才在河北沧州被抓获；黄勇自 2001 年 9 月至 2003 年 11 月，先后从网吧、录像厅、游戏厅等场所，以资助上学、帮助提高学习成绩、外出游玩和介绍工作为诱饵将被害人骗到自己家中用布条将被害人勒死。至 2003 年 11 月被抓获时，黄勇已杀死无辜青少年 17 人，轻伤 1 人。

这类犯罪一旦发生就会造成极其严重的后果，甚至超出人们心理承受能力，不断挑战人们对犯罪承受的底限，如何采取有效措施将此类犯罪扼杀在萌芽阶段、防患于未然，成为当前各国犯罪控制的一个重点。

因此可以说，侦查方式从被动防守到主动进攻是侦查模式在适应犯罪发展需要中一次无奈的转型，"警察必须侦查此类问题，否则任何人都将得不到保证。"[①] 通过DNA证据将防控重点人员的DNA数据保留在档案库中，对于在案件初期进行针对性防范、迅速锁定犯罪嫌疑人，防止案件继续发生具有重要作用，而这能起到其他侦查手段所无法取代的重要作用，以至于有美国学者将DNA的出现称为人类对于犯罪预防的梦想从"荒诞的科幻电影"走入了现实。[②]

此外，通过将已决罪犯的指纹、DNA等人体生物样本信息保留在国家数据库中也可减少此类人员再犯罪的可能性，从而有助于刑罚特殊预防目的的充分实现。正如美国学者指出，"通过将已决罪犯的DNA分析结果输入DNA数据库，这几乎意味着该罪犯实施下一次犯罪、特别是性犯罪和暴力犯罪被抓获的可能性为100%，从而使得这部分已决罪犯被释放后在实施第二次犯罪之前被迫考虑即将到来之刑罚的确

---

① ［英］麦高伟、杰弗里·威尔逊著：《英国刑事司法程序》，北京：法律出版社，2003年版，第45页。

② Lisa Schriner Lewis, "The Role Genetic Information Plays in the CriminaL Justice System", 47 *Ariz. L. Rev.* 519, 521 (2005).

定性。"①

通过上述分析不难看出，DNA 证据的运用具有现实必要性，特别是在现代刑事侦查活动中，它更是发挥着其他传统侦查行为所不能比拟的独特作用。

第三节　DNA 证据在我国的相关立法

一、立法规定

国内研究者一般认为我国刑事诉讼法以及相关解释中关于"人体采样"的相关规定是当前我国侦查机关行使 DNA 采集分析权的依据所在。2012 年修订后的《中华人民共和国刑事诉讼法》（以下简称《刑事诉讼法》）通过三个法律条文对 DNA 采样和分析进行了规定，新修订的《公安机关办理刑事案件程序规定》（以下简称《公安机关规定》）和《检察院刑事诉讼规则（试行）》（以下简称《刑事诉讼规则》）也作出了相应规定。综合来看，我国 DNA 采样和分析的立法主要规定如下。

第一，DNA 采样的对象和目的。DNA 采样的对象是"犯罪嫌疑人和被害人"以及"被害人的近亲属"，对其采样的目的是"确定某些特征、伤害情况或者生理状态"或"确

---

① Jill C. Schaefer, "Profiling at the Cellular Level: The Future of the New York State DNA Databanks", 14 ALB. L. J. SCI. & TECH. 559. 561 (2004).

定被害人身份"。①

第二，DNA采样的主体。《刑事诉讼法》和《公安机关规定》都将DNA采样的主体规定为侦查人员进行，但在《刑事诉讼规则》中则明确"采集血液等生物样本应当由医师进行。"②

第三，强制采样的实施。关于强制采样的对象和实施条件，《刑事诉讼法》和《公安机关规定》都作出了明确规定，即"犯罪嫌疑人拒绝检查而侦查人员认为有必要"，《公安机关规定》则进一步明确强制采样必须经办案机关负责人批准。③

第四，被采样人的隐私权保障。《刑事诉讼法》《公安机关规定》和《刑事诉讼规则》都明确要求"检查妇女的身体，应当由女工作人员或者医师进行。"值得一提的是，《刑事诉讼规则》还规定了侦查人员的人格尊重及保密义务，该

---

① 参见《刑事诉讼法》第130条、《公安机关规定》第212条、《刑事诉讼规则》第213条。《刑事诉讼法》第130条规定：为了确定被害人、犯罪嫌疑人的某些特征、伤害情况或者生理状态，可以对人身进行检查，可以提取指纹信息，采集血液、尿液等生物样本。犯罪嫌疑人如果拒绝检查，侦查人员认为必要的时候，可以强制检查。《公安机关规定》第212条规定：为了确定被害人、犯罪嫌疑人的某些特征、伤害情况或者生理状态，可以对人身进行检查，提取指纹信息，采集血液、尿液等生物样本。被害人死亡的，应当通过被害人近亲属辨认、提取生物样本鉴定等方式确定被害人身份。《刑事诉讼规则》第213条规定：为了确定被害人、犯罪嫌疑人的某些特征、伤害情况或者生理状态，人民检察院可以对人身进行检查，可以提取指纹信息，采集血液、尿液等生物样本。

② 《刑事诉讼规则》第213条第2款："采集血液等生物样本应当由医师进行。"

③ 《公安机关规定》第212条："犯罪嫌疑人如果拒绝检查、提取、采集的，侦查人员认为必要的时候，经办案部门负责人批准，可以强制检查、提取、采集。"

规则第 214 条规定:"人身检查不得采用损害被检查人生命、健康或贬低其名誉或人格的方法。在人身检查过程中知悉的被检查人的个人隐私,检察人员应当保密。"

第五,DNA 检材的保管和移送。从上述立法看,《刑事诉讼法》和《刑事诉讼规则》均未对 DNA 检材的保管和移送作出规定,仅有《公安机关规定》作出了具体要求,《公安机关规定》第 241 条规定,"侦查人员应当做好检材的保管和送检工作,并注明检材送检环节的责任人,确保检材在流转环节中的同一性和不被污染。"

第六,DNA 样本的分析。上述立法虽然都规定了系统详细的"鉴定"制度,但均未单独建立有关 DNA 样本的分析条例。

从上述立法规定不难看出,我国在刑事人身检查制度的立法有了显著的进步,也初步明确了生物样本的采集程序,但是仍缺乏专门的 DNA 采样和分析条例,我国刑事诉讼法及相关司法解释中关于"人身检查(采样)"以及"鉴定"的规定仍是实践中侦查机关行使 DNA 采集、分析权的法律依据,但由于在其后内容中并无相应修改及制度跟进,我国DNA 证据实际上仍将处于立法模糊状态。

二、立法现状评价

与上文主要法治国家的 DNA 证据立法相比,不难发现我国现行立法所存在的问题:首先,仅从法律规范数量而言,相比西方主要法治发达国家的立法,我国 DNA 的立法显得过于单薄,不仅无专门规定,且相关条文偏少,在内容上也过于粗疏、抽象，且缺乏司法解释和补充规定。立法供给不足也必然导致在实际工作中产生两种不良现象：一方面是滥用DNA采样权力，侵犯公民合法权利；另一方面则导致了部分侦查人员心存顾虑，在侦查工作中不敢使用必要的DNA采样措施。[①] 其次，从法条规定的内容来看，现行人身制度的立法存在明显的缺陷，许多与人体采样紧密相关的问题规定粗疏甚至没有涉及，缺少权利保障性规定，具体来看，主要表现在以下方面。

（一）DNA采样的启动条件模糊

我国刑事诉讼法未对启动DNA采样措施设置一个实体门槛，侦查人员在实施DNA采样时几乎不受任何制约，既无犯罪性质要求，也无证据要求。这意味着侦查机关办案的需要成为至高无上的理由，无论何种对象、无论何时，只要侦查机关"需要"即可使用人体采样措施。此外，强制性人体采样中之"必要的时候"这一标准如何判定？谁来判定？根据该条文，判定的机关是执行检查的侦查机关自身，换言之，侦查机关可以自我授权实施人体采样和强制采样，尽管"公安机关规定"规定"强制采样需经办案部门负责人批准"，这种"批准"很可能又是一种流于形式的"手续"。在此前提下，即使设定了实体门槛，其制约效果亦值得怀疑。反观其他国家，几乎对DNA采样程序的启动都进行有限定，仅以

[①] 笔者在实务部门调研中发现，越是重大敏感案件的执法活动，侦查人员的风险意识就越强烈，在法律没有为其划定界限的情况下，一旦发生了意外的结果，负责人和直接办案人员总是难辞其咎，因此在这种情况下，"不为"的成本显然低于"为"。

对犯罪嫌疑人的强制采样为例,大多数国家都对实施采样的案件类型做出了规定:英国、奥地利、斯洛文尼亚实施强制采样的对象为触犯"列为登录之犯罪案件"的犯罪嫌疑人或被逮捕者;德国、芬兰、丹麦、瑞士、匈牙利、法国则为犯严重罪行或实施性侵害的犯罪嫌疑人①;我国台湾地区"刑事诉讼法"尽管没有明确,但是也通过特别法对此做出规定。②

就刑事诉讼程序运行而言,启动程序无疑是其第一道门槛,启动条件规定的模糊在客观上使得该项措施随意使用、缺乏程序规制。从司法实践情况来看,为了破获大案要案、查明案件真相,侦查机关往往不惜一切代价,实施大规模的诸如抽取血样之类的人体采样。犯罪嫌疑人、被害人,甚至包括与案件无关的第三人都可能随时承受基本权利被侵犯的危险。

(二) DNA 采样的对象规定不科学

人体采样作为一种证据调查手段,其不仅适用于犯罪嫌疑人和被害人,在必要时还可能涉及第三人。如在无法对犯罪嫌疑人进行人体采样(犯罪嫌疑人逃匿)的情况下对其直系亲属的人体采样、在性侵害案件中为确定侵害事实而对受害者产下之婴儿的人体采样等等,这些在国内外司法实践中都经常发生,因此域外立法机构在设计人体采样制度时,往

---

① 唐淑美:"刑事 DNA 资料库之扩增与隐私权保护",载《东海大学法学研究》,2005 年第 12 期。

② 根据我国台湾地区"脱氧核糖核酸采样条例"第 5 条的规定,强制采样的案件类型被限定为性犯罪和重大暴力犯罪案件。

往将第三人也规定进人体采样的对象范围，只不过对于第三人的人体采样与对犯罪嫌疑人和被害人所进行的人体采样之条件和程序要求皆有所不同而已。我国本次法律修改后，虽然《公安机关规定》中将"被害人的近亲属"纳入了人身检查（采样）的对象，但未明确实施上的程序区别，且对于案外其他第三人无相应规定。域外主要法治国家对此则普遍作出明确规定。如《德国刑事诉讼法》第81条a第1、2、3项对被告（包括犯罪嫌疑人）的采样作出了比较详细的规定，而在第81条c第1、2、3项又对第三人的采样作出了规定，二者在授权基础、实施条件方面存在较多不同。从司法实践来看，有必要对案外其他第三人进行采样的情况经常出现，在缺乏法律授权和规制的情况下，必然使得这类人处于法律保护的空白之地，从而有违刑事诉讼中人权保障的基本理念。

（三）实施程序封闭化，无中立机关介入

通过对域外DNA证据立法状况的考察可知，DNA证据的采集和分析在各国都被作为一项对公民基本权利影响较大的侦查行为来对待，而在我国，DNA采样、保管、分析、运用措施的实施完全由侦查机关（主要是公安机关）自主决定，整个证据形成过程完全呈封闭状态，从DNA采样的启动、执行、结束到DNA证据资料的处理等都是由侦查部门自己实施，责任也由其自行承担，其他部门无权参与和干涉，除了自我约束和自我监督外，不受任何其他机关的监督和审查。封闭、秘密的DNA证据形成既无法从外部进行抑制，也缺乏具体的内部约束程序，属于典型的"超职权主义"侦查行为。侦查机关自身预防、追诉利益的需要和方便几乎左右了整个DNA采样、分析程序的实施。在某种意义上可以说，被采样人的各种权利获得与否完全取决于侦查人员自身的利益取向，缺乏一定的确定性和可预期性。

（四）缺乏被检查人权利保护机制

与国外普遍重视DNA证据形成过程中对被采样人权利的保护相比，我国对被采样人权利的保护明显薄弱，在立法上难以找到对被采样人权利保障的实质性规定，更没有涉及侵权机关的赔偿义务。在实施DNA采样时，侦查人员无需征求被采样人的同意，只要认为"有必要"就可以强制实施、多次实施检查。被采样人即使认为检查手段不合法，也没有提出异议的权利和条件，被采样人在整个采样的过程中既无获得信息权、拒绝检查权，又无异议提出权、律师帮助权，而上述权利的缺失显然不利于对公民基本权利的保护。即使DNA采样以及后续的分析鉴定实施不当，被采样人也没有申请事后审查和救济的法定权利和渠道。而对于采集到的DNA样本及收集的信息应该如何处置，我国法律更是没有涉及，使得这一部分完全处于无序状态。

此外，如上所述，实施DNA采样还涉及一个限制人身自由的问题，对于被拘留或逮捕等已被采取羁押措施的犯罪嫌疑人、被告人进行采样当无疑问，但是对被害人、被害人的近亲属、案外其他第三人以及尚未被采取刑事强制措施的被追诉人进行采样时限制人身自由是否应当有一个时间限制？立法却缺乏设计，而立法规定的空白必然会带来实践中的一系列问题。

（五）DNA样本流转与分析缺乏法律规制

DNA样本的保存、送检、分析只有依照严格的方法和程序进行才能保证DNA分析的结论真实可靠。原因在于DNA易被污染和降解，不当的保管和操作将会造成难以挽回的损失，并且DNA样本也容易遭到人为的破坏。目前我国公安部于2002年颁布的《法庭科学实验室DNA检验规范》对此作出了详细规定。但据笔者了解，该规范尚未通过实验室认证，因此仅对公安系统内部的DNA实验室具有约束力。同时，该规范作为一种行业标准，是否有待于上升到法律层面有待商榷。笔者认为，从法律的角度对其进行规制将更加有利于DNA技术的完善。

（六）缺乏证据审查规则

作为一种特殊证据，对DNA证据能力和证明力的审查无疑是DNA证据运用中的关键环节。但在我国却缺乏必要的证据审查程序，比如对DNA采样笔录以及DNA样本本身真实性的审查，也即对"路径材料"——DNA采样见证人、身体采样笔录等此类证明DNA资料来源真实性的证据的审查机制没有建立。如在凶杀现场被害人卧室提取的一个烟蒂，经DNA鉴定，烟蒂内唾液的DNA结构与犯罪嫌疑人身体中提取的DNA一致，而犯罪嫌疑人与被害人不熟悉，正常情况下不可能进入该卧室，这一烟蒂无疑是个很重要、很有力的证据材料。但是，如果没有现场勘查笔录、提取笔录和随案移交清单等路径材料来证实该烟蒂来源于现场，怎么能排除该烟蒂不是办案人员在提审犯罪嫌疑人时让其吸烟而取得的？在DNA技术高度发展的今天，许多种类的人体生物样本都可以成为DNA鉴定的检材,如果不注重路径材料的审查,其真实性难以保障。人体的DNA样本可能无意散落在很多地方,例如早晨刷牙漱口后,DNA检体将可滞留于牙刷上;梳头发后,DNA检体于发梳上发现;性行为后,配偶身上、卫生纸或床单上可采集到DNA检体;不慎流血时或月经来潮时,DNA检体更可能散布于许多地方。一旦遭到他人故意取得而设陷,在对DNA证据本身证明力普遍高度推崇的情况下,[①]"跳到黄河也无法洗清"之情况就很有可能出现。因此,形成链式结构的路径材料是认定相关证据具有合法性,进而认定客观性的必要条件,而我国目前却缺乏对这类路径材料的审查机制。

(七) 缺乏DNA数据库的相关立法

近年来,我国DNA数据库建设实践虽然发展较快,却缺乏相应的DNA数据库立法规范。全国各级公安机关为推动相关规范和标准化工作,先后制定了《公安机关2009—2013年DNA数据库建设规范》和《法庭科学DNA数据库建设规范》,为推动DNA数据库的规范化提供了依据,许多地方公安机关也在上述文件的基础上,制定了地方DNA数据库建设实施方案。但这些文件大多属于从技术规范的层面制定的行

---

① 我国有学者对北大法律数据库中收录的1998年至2008年10年间288起涉及DNA鉴定的案件进行统计,被告人对DNA证据没有异议并认罪的案件有275起,占95.49%,在这些定罪案件中被告人的辩护人几乎都未就DNA证据的真实性提出辩护意见;而被告人完全否认犯罪行为的有13起,占4.51%,但均未得到法院支持。DNA证据在刑事案件事实认定中的作用由此可窥一斑。参见陈学权:"刑事诉讼中DNA证据运用的实证分析",《中国刑事法杂志》,2009年第4期。

业规范或内部管理规定，呈现出行政化管理的特征，与司法程序公正之特质存在差距。而且对于 DNA 样本的采集办法、DNA 数据库的管理办法、DNA 数据库在刑事诉讼中的适用范围等还没有制定完备的制度规范。从域外法治国家的经验来看，英国在《英国警察与刑事证据法》《英国刑事审判与公共秩序法》《英国样本提取条例》对提取人身样本的程序性规范作出较为详尽的规范。美国也于 1994 年通过了《美国 DNA 鉴定法》（DNA Identification Act）赋予联邦调查局建立国家 DNA 检索系统，批准侦查机关采集被判刑和被逮捕人员 DNA 样本的权力。[1] 由此可见，域外法治国家在推广 DNA 数据库的同时，都注重 DNA 数据库立法规范及其运作。我国在这方面的立法完善做得还不够，由于缺乏全国性的统一规范，造成了各地对 DNA 数据库的样本提取程序、入库范围、信息销毁期限、管理方式等方面存在做法不一的现象，这种情况的存在显然不利于 DNA 数据库的规范化运作。

三、完善思路

上述立法问题的解决既依赖于选择科学的立法模式，确定适当的立法原则，也依赖于具体制度设计的细化。具体制度设计笔者在后文将有详述，在此仅对我国 DNA 证据立法的立法模式选择和立法原则的确定略陈管窥之见。

在立法模式上，从域外立法情况来看，一种是将 DNA 证

---

[1] 陈学权著：《DNA 证据研究》，中国政法大学出版社，2011 年版，第 130 页。

据的形成、运用规定于本国刑事诉讼法中,另一种则是制定单独的立法,如美国1994年颁布的《美国DNA鉴定法》、我国台湾1999年2月颁布的"脱氧核糖酸采样条例"等。我国现行《刑事诉讼法》将人体生物样本的采集纳入人身检查制度中予以规定,并设置了鉴定制度,从而使得DNA证据的形成与运用有了法律层面的依据,但是正如上文所述,这种立法模式仍显得粗疏。未来,我们可有两种选择,一种是仿效德国,在刑事诉讼法典中对DNA采样、检测、分析和质证等问题予以细化规定;另一种则是维护现有刑事诉讼法格局不变,仿效美国和我国台湾地区,建立单独立法(或出台专门解释),规范DNA证据的运用。笔者倾向于后一种解决思路。

在立法原则的确定上,通过上文考察可以看出,公权力限制公民基本权利必须符合相关基本原则的要求以解决权力行使合宪性问题,而法律保留、比例原则和司法审查原则这三项原则作为法治国家在限制人体采样权使用时所体现的共同原则,对我国亦存在较强的借鉴价值,我国在未来立法中也应当对这三项原则进行体现。具体如下:

第一,应严格贯彻法律保留原则。

我国应在法律层面赋予侦查机关进行人体采样权力的同时,对实施的具体程序在法律中进行明确规定,比如实施人体采样的目的、主体、对象、被检查人权利、应遵循之操作规则等一系列问题在法律中都应当明确进行规定。

第二,应体现比例原则的要求。

就比例原则而言,由于人体采样措施比较多样,在法律层面应当突出实施检查的手段与犯罪的严重性、实施的必要性之关联，选择最小侵害方式进行。

第三，应吸收司法审查原则的合理内核。

DNA采样作为一种侦查行为，对其司法审查的前提在于我国已经建立起强制性侦查行为的司法审查机制，这是一种最为理想的权力制约模式，考虑到诸多现实障碍因素，我们也必须理性地认识到，短期内在我国建立起全面的强制侦查行为司法审查制度的可行性基础不具备。但司法审查原则所蕴含的权力分散制约的理念，我国也同样应当有所体现。笔者认为，我国强制侦查行为审查机制的建立应当采取一种分阶段逐步推进的方式进行。其基本思路是：从近期看，由于我国检察机关在现行权力配置模式下承担着侦查制约的职能，因此在现阶段可将强制侦查行为的决定权交给检察机关，实质化检察机关对公安机关侦查权的制约。但是，侦查领域分权、限权的最终方向必然是司法授权，在时机成熟、条件具备之后将强制侦查行为的批准权、强制措施的决定权、违法救济的裁判权全部交由法院来承担，建立起全面、实质的强制侦查司法审查机制是我们必须确立的长远目标。这种逐步推进、设置一个检察机关授权的过渡阶段的思路可能略显保守，但也不失为解决问题的一种可行性路径，例如在我国台湾地区，在侦查授权问题上就经历了侦查机关本身授权—检察授权—司法授权三个阶段。

第三章　DNA 证据的形成与公民权利保障

"保障基本权利是法治的首要价值"①，在论及 DNA 证据问题时有必要先对 DNA 证据的形成与公民基本权利之间的冲突形态进行分析，而后再进行适当的立法选择。

第一节　DNA 证据的形成过程

DNA 信息的载体形式，如毛发、血液、体液等都是以痕迹或物品的形式表现出来，具有证明价值的证据形式，这符合物证的一般特点，属于"微物证据"的范畴。DNA 本身的物质形态对案件认定并无作用，而将其内部所蕴含之证据信息展示出来的相关学理和技术已经不是法官的法律专业所能驾驭，必须要借助专家分析才能进行。因此，DNA 虽具物证特性，但由于其表现形态的特殊性，将 DNA 检材（样本）

---

① 童之伟："保障基本权利是法治的首要价值"，载《人民论坛》，2006年第 22 期。

应用于诉讼中的证据方法只能通过鉴定意见（鉴定人）形式。[1] 这种特点决定了 DNA 证据的关联性、合法性以及真实性都需要通过专门程序（鉴定程序）加工后，才能进入诉讼轨道作为证据使用。因此，从本质上看，DNA 证据的运用即是对 DNA 鉴定同一认定与否的采纳。从物证形态的 DNA 走向鉴定意见形态的 DNA，需要经历以下几个步骤。

一、DNA 检材的获取与保管

DNA 检材的获取是 DNA 证据形成的前提，这一阶段主要有以下几个环节：第一，检材受控前。本阶段是指从犯罪行为发生、DNA 证据形成之时到该检材（样本）所在区域被办案机关控制之前的阶段。这一阶段，短则几分钟，长则数十载，DNA 检材处于不可控状态。在此期间，我们无从得知何人到过现场或接触过该份证据资料。同时，这一生物证据可能暴露在各种环境条件之下，或被日晒雨淋，或腐败、污染、毁损、消失。第二，检材的发现与采集。本阶段是指从现场受控、发现 DNA 检材，到 DNA 检材被采集、包装的阶段。这一阶段多与现场勘查同步，可以进入现场的人均可能接触到该份 DNA 样本。[2] 此外，这一阶段可能还会动用国家强制力从特定主体身上采集 DNA 样本，而正由于 DNA 证据来源于人体，也使得 DNA 证据在形成过程中与公民权利保障

---

[1] 许泽天著：《刑事诉讼法论Ⅱ：证据之搜集调查与使用》（增订二版），神州图书出版有限公司，2003 年版，第 275－276 页。

[2] 参见鲁涤著：《法医 DNA 证据相关问题研究》，中国政法大学出版社，2012 年版，第 167－168 页。

形成了较为突出的冲突。正是在此意义上,有学者指出,DNA采样这类身体检查措施是测试刑诉法作为应用宪法的"最佳试金石之一",其理由在于:"一来,身体检查处分是各国追诉实务经常使用之强制手段,尤其是随着'交通刑法'的制定以及新型医学技术的发明(如DNA检测),使得这一刑事诉讼上基本权干预的重要性日增。二来,由于某些身体检查方式带有高度的危险性(如开刀),可能对健康乃至生命造成威胁,因此,其对基本权干预的严重程度,在某些个案中会超过羁押。三来,由于身体酷刑(如拷打)已经在立法层次普遍被禁止,因此,身体检查处分成为目前刑事法领域之中,少数会直接造成身体上生理痛楚的合法干预手段。这也构成了身体检查处分的独特性"。① 第三,检材的保存与送检。即从DNA检材被采集包装后至送到实验室与鉴定人进行检材(样本)交接之前的阶段。这一阶段,会经历"运送—交接—保存—交接—运送"的过程,这一过程往往具有封闭性,只有少数法定主体方能接触到这些证据材料。

二、DNA检材的分析和鉴定

这一阶段是指从生物检材由送检人交予实验室收案人员,到委托人签领鉴定文书、领回剩余检材的阶段。DNA分析是由鉴定人基于其特有的专业知识、经验、技能、教育等,以专业鉴定书或言词陈述提交于法庭,以协助法院认定被告人

---

① 林钰雄著:《干预处分与刑事证据》,元照出版公司,2008年版,第5-6页。

是否有罪的证据。DNA 分析的主要目的是确认犯罪现场提取的 DNA 检材是否为犯罪嫌疑人或被告人所遗留，即同一性确认。在这一过程中，DNA 检材在实验室会经历"交接—保存—鉴定—保存—交接"，接触 DNA 检材的人是鉴定人和其他可能进入实验室的人员。这一阶段的核心在于"鉴定"，通过鉴定，DNA 在身份上由"检材"走向"证据"，在展现形式上也从"物证"的证据形式被转化、上升为"鉴定意见"的证据形式，从而构建起 DNA 证据与证明案件事实之间的桥梁。从域外情况来看，德国实务界和学术界通常认为刑事 DNA 分析和比对是一种对信息自决权的侵害行为。因此，要进行 DNA 样本分析原则上必须得到法律的授权。按照德国法通说的见解，对于依据《德国刑事诉讼法》第 81a、81c 条所取得的 DNA 样本进行分析，仅限于非编码区的分析，而不及于编码区[①]，因为对编码区的分析会侵害到人格最隐秘的内在领域。但从法条规定来看，并没有明文规定限定于非编码区，之所以没有在法条上明定非编码区是不想限制对 DNA 分析的其他可能性，但就目前而言，只允许对非编码区进行分析，以进行同一性识别。

针对上述过程，对 DNA 所蕴含之证据信息从采集到最终作为诉讼证据使用要经过三个层面的审查：第一个层面是关于检材（样本）取得程序的合法性问题，取证手段的不合法会导致所取得的 DNA 检材（样本）无证据能力；第

[①] 染色体上的 DNA 由编码区和非编码区构成。编码区包含细胞合成蛋白质所必需的遗传信息，其又被称为基因。人类基因组计划发现人类只有不到 3 万个基因。DNA 中的非编码区不参与合成蛋白质。

二层面是 DNA 证据的保管链的完整性问题，这一阶段主要审查 DNA 证据有无被调换、污染；第三个层面则是以鉴定程序为核心展开，检材（样本）的保存、鉴定过程规范与否等都也必然影响其证据能力。后文将对此进一步展开分析。

三、DNA 证据的形成与运用

经过实验室分析后，DNA 获得证据价值，也由此而取得进入诉讼成为证据的资格。此时，对所获取的 DNA 证据有两种用途：第一种是应用于个案，即对特定案件中获取的 DNA 证据应用于该案某一案件事实的证明，上文已有述及，在此不再赘述；第二种是将分析后获取的 DNA 信息数据化处理后置入 DNA 数据库，以供未来案件使用。在上述两种途径中，第二种面临的争议最大。

如英国基于建立和扩建国家 DNA 数据库的需要，《英国刑事司法与警察法》（2001）（*Criminal Justice and Police Act 2001*）与《英国刑事审判法》（2003）（*Criminal Justice Act 2003*）两次修改关于 DNA 采样的相关规定。根据修改后的法律，英国政府除了可以永久保留已采集到的 DNA 样本信息外，还可以通过推测性搜查（Speculative Searches）的方式大规模采集 DNA 样本信息。所谓"推测性搜查"是指当一个公民未被怀疑为嫌疑人，但其书面同意参与采样时，则该自愿同意参与者所提交的 DNA 样本及结果，将会留存于国家 DNA 数据库以提供警察日后侦办犯罪案件的交互比对，而自愿参与者先前所缴的同意书不可撤销。[1] 基于这种授权，英国国家 DNA 数据库（NDNAD）的规模急剧扩大至世界最大规模。根据英国政府提供的数据显示，截至 2008 年 9 月，超过 7.39% 的英国公民的 DNA 图谱保留在英国国家 DNA 数据库中，这使得英国成为存取本国公民 DNA 信息比例最高的国家。[2] 排名第二的是澳大利亚，其保留的 DNA 图谱占其国民人口数的 1%，紧随其后的是美国，其联邦调查局的 DNA 数据库中保留的 DNA 样本仅占其国民人口的 0.5%，英国 DNA 库的规模之大由此可窥一斑。[3] 除了英国外，自 20 世纪 90 年代开始，许多国家的政府也都基于打击犯罪的需要，积极建立或扩充本国公民 DNA 数据库。如在欧洲，1997 年，奥地利、荷兰成功设立国家刑事 DNA 数据库；1998 年，德国国家刑事 DNA 数据库正式成立；1999 年芬兰、挪威成立国家刑事 DNA 数据库；比利时、丹麦及瑞士亦跟随此潮流在 2000 年立法提议设立国家刑事 DNA 数据库。而美国也早在 1990 年就建立了 DNA 整合索引系统（Combined DNA Index System；CODIS），作为一个收集来自全美 14 个州之 DNA 样本的数据系统，在索引系统建立 4 年后，1994 年美国国会制定《美国 DNA 鉴定法》，正式授权美国联邦调查局依法使用

---

[1] 唐淑美："刑事 DNA 资料库之扩增与隐私权之探讨",《东海大学法学研究》, 2005 年第 12 期, 第 104 - 155 页。

[2] House of Lords Select Committee on the Constitution, 2nd Report of Session 2008 - 2009, Surveillance: Citizens and the State. HL Paper No. 18 - I, （Session 2008/09）, para1.

[3] D. H. Kaye, "The Constitutionality of DNA Sampling on Arrest: An Interim Report to the National Commission on the Future of DNA Evidence", http://homepages.law.asu.edu/~kayed/pubs/, 2015 - 8 - 8.

该资料库。2000 年，美国为解决 DNA 鉴定的迟延和检体累积问题及扩大 DNA 资料库的范围，美国国会通过《美国 DNA 分析延迟消除法》(*DNA Analysis Backlog Elimination Act of 2000*)，允许联邦调查局去搜集联邦所列举之各项犯罪、监禁者、假释、缓刑、交付保护管束等之 DNA 样本。① 各国政府为建库目的进行的大规模采样、保留公民生物信息样本的行为也招致众多质疑。笔者在后文将对 DNA 数据库的应用进行专门研究。

第二节 DNA 证据与公民权利保障的冲突

如上所述，DNA 作为一种特殊的生物证据，它的形成过程既伴随着国家强制力的动用，也伴随着公民基本权利的限制，为了厘清这个问题，笔者将对 DNA 证据在形成以及应用过程中对公民权利的冲突进行分析。

一、DNA 证据与人身权

（一）人身权的内涵

身体指"人和动物的躯体"，即"一个人或一个动物的生理组织的整体"②。换言之，公民身体不是精神的而是肉体的，是肉体的整个构造或附属于身体的所有部分。法学意义

---

① 唐淑美："刑事 DNA 资料库之扩增与隐私权之探讨"，《东海大学法学研究》，2005 年第 12 期，第 89、106 页。
② 《现代汉语词典》，"身体"条，第 1008 页。

上的身体专指自然人的身体，是指自然人的生理组织的整体，即躯体①。身体包括两部分，一是主体部分，二是附属部分。主体部分是人的头颅、躯干、肢体的总体构成，包括肢体、器官和其他组织，是身体的基本内容。附属部分则指毛发、体液、指甲等附着于身体的其他人体组织。一般认为，人身权的内涵主要包括两个方面：其一是身体不为他人妨害，享受身体安全利益的权利；其二是以保持身体之自由为内容的权利②，也即人身权包括身体完整权和人身自由不受侵犯权两个方面。

人身权被认为是一种人天生就应当享有的权利，自近代始，无论是国际公约还是各国立法，都将公民人身权的保障作为公民权利保障体系的核心所在。《世界人权宣言》在其开篇第3条就明确提出："人人有权享有生命、自由与人身安全"，欧洲人权法院所作判决中的大部分也都是关于缔约国公民人身权方面的内容。③ 在国家立法层面，大多数国家都将公民的人身权作为宪法基本权利体系中的核心，比如《日本宪法》就宣言式地明确指出，"全体国民都作为个人而受到尊重，对于生命、自由和追求幸福的国民权利，只要不违反公共福利，在立法及其他国政上都必须受到最大限度的尊重。"④我国《宪法》第1~5条，第27、28、33、37、38、

---

① Black's Law Dictionary, 18th ed, West Group, P185.
② 参见杨立新著：《人身权法论》，人民法院出版社，2002年版，第398页。
③ 此部分可参阅欧洲人权法院相关报告。http://www.echr.coe.int/ECHR/EN/Header/Reports + and + Statistics/Reports/Annual Reports, 2015 - 8 - 8。
④ 宫泽俊义著，芦部信喜补订：《日本国宪法精解》，董璠舆译，北京：中国民主法制出版社，1990年版，第169页。

41、53、123、126、131、134、135 条也都与公民人身权的保障有关,而在2009年4月我国首次发布的《国家人权行动计划(2009—2010)》白皮书中,更是将人身权利作为"公民权利与政治权利"的首位明确规定,"完善预防和救济措施,在执法、司法的各个环节,依法保障人身权利。"① 人身权之所以在整个公民权利体系中占有如此重要之地位,其原因也正如我国学者所指出,"身体为生命和健康所附着的载体。无身体也就无所谓生命、健康,无生命之躯体则为尸体。身体、生命和健康为自然人之最根本利益,是人之所以为人进而成为法律主体之根基。"②

(二)DNA证据对公民人身权利的影响

如上文所述,在DNA证据形成过程中,DNA采样是直接对公民身体实施的侦查行为,而这种措施影响最大、最直接的即是公民的人身权。具体来看,人体采样对公民人身权的影响表现在以下几个方面。

(1)DNA采样会对公民人身自由造成影响。"人身自由是公民全部权利中最基础的和前提性的部分"③,而在实施人体采样的过程中,会暂时或长时间地限制被采样人之身体自由。例如,对涉嫌某一犯罪案件的犯罪嫌疑人,强制将其带至医院进行抽血检测即属前面所讲到的暂时或短暂的人身自

---

① 《国家人权行动计划(2009—2010)》,http://news.sina.com.cn/c/2009-04-13/101117598864_3.shtm,2015-8-8。
② 梁慧星主编:《民法总论》,法律出版社,1996年版,第106页。
③ 童之伟:"从若干起冤案看人身自由的宪法保护",载《现代法学》,2004年第5期。

由之限制。此外，在人体采样的过程中，为了从被采样人体内获取生物样本，被采样人的人身往往会被侦查人员所控制，而在人体采样结束之后，也需要履行相关的法律手续，比如在人体采样笔录上签名等，这也会在一定程度上限制被检查人的人身自由。无论是暂时性或较长时间的限制人身自由，其与逮捕或拘留仅有程度上的不同，在侵犯公民人身自由权的本质上并无差异。

针对上述情形，日本、德国和我国台湾地区都建立起了"鉴定留置"制度，以对因采样而限制采样人人身自由的行为进行规范和限制。鉴定留置在日本被称为"鉴定拘禁"，而在德国则被称为"为了观察而移送"，它是指为鉴定被告精神或者身体状态而将被告送入医院或者其他适当处所的一种刑事诉讼措施。但鉴定留置的期限及范围各有不同，就期限而言，德国规定为"不超过6周"，我国台湾地区规定为"通常为7日以下，经侦查机关向法官申请批准后，可延长至2个月"，日本则未对鉴定留置的时间作出明确规定；就鉴定留置的目的来看，日本和德国鉴定留置的目的侧重于检查被告人的精神状况，而我国台湾地区鉴定留置则将被告人的身体采样也列入鉴定留置的合法目的。[①]

（2）DNA采样易对公民身体完整性造成破坏。保持身体组织的完整并支配其肢体、器官、血液等是人身权的核心，而身体完整性的保护范围包括个人对于自身呼吸、血液和DNA等体内物质控制权。体液抽取、毛发采集以及其他DNA

[①] 参见万毅、陈大鹏："论鉴定留置的若干法律问题"，载《中国司法鉴定》，2008年第1期，第17页。

样本的提取从某种意义上说都是用外力迫使这些身体物质与身体分离，无疑对公民身体完整权造成影响。而且，通过强制采样所收集的人体生物样本的司法使用也在一定程度上损害了被采样人对自己的身体组织的支配权。

域外司法实践中，侦查机关所采取的可能对公民身体完整性造成"风险"的采样行为也引起了较大关注。如美国联邦最高法院在 1966 年的 *Schmerber v. California*[①] 案中首次提出实施人体采样应当遵循的标准，即人体采样应当采用一种"完全无风险"的方式进行。该案法官在论及合理搜查的相关性时指出：警察指示医生进行的抽血检测是一种非常"普通"（Commonplace）的检测方式，而且抽取的血液量非常少，大部分人都不会有任何危险、外伤或痛苦，且被告并非是那种会因恐惧、关心健康或宗教信仰而希望选择其他检测方式的人，因此本案警察指示医生对被告 Schmerber 进行抽血检测的行为并无不妥。而在 1977 年的 *United States v. Crowder* 案中，哥伦比亚巡回法院的法官又提出了新的标准，即人体采样可以采用"无永久伤害风险"[②] 的方式进行。该案法官认为通过手术取出被告体内子弹的检查行为符合美国宪法第四修正案所要求的合理搜查，因为这种外科手术比较轻微，且由技术娴熟的外科医生在考虑到每一个预防措施的前提下进行是可以避免任何外科上的并发症发生，所以发生"永久伤害"的风险非常小。但是该案判决的出台本身就存在争议，如哥伦比亚巡回法院的法官 Robinson 就在 Crow-

---

① *Schmerber v. California*, 384 U. S. 757 (1966).
② United States v. Crowder, 543 F. 2d 312 (D. C. Cir. 1976), at 317.

der案中持明确反对态度，其主要反对观点即认为外科手术本身带有"麻醉、疼痛及伤口、疤痕"，并非如抽血检测一样属日常一般行为，因此与Schmerber案并不相同。而且法院判决的分析过度依赖医学上的分类方式，法院区别"重大侵犯性"（Major Intrusion）与"轻微侵犯性"（Minor Intrusion）来决定能否对被告进行人体采样难以令人把握，因为这种"重大"与"轻微"是依据医学上的分类标准，本身并非是一个明确具体的法律标准。Robinson法官认为法院其实根本没有能力做出这样的区分判断，一旦以此来作为判断人体采样行为是否合法的标准，那么势必会出现比本案范围更大的侵害。美国学者也对法院Crowder案中以医学上之分类作为判断标准的做法提出批评，并且认为Crowder案忽略了Schmerber案所一再强调之隐私权与身体完整性，实属不当。[1] 这种担忧和批评并非多余，Crowder案对美国州法院在判断强迫被告接受外科手术之人体采样的合法性上产生相当大的影响。在Crowder案以前，只有乔治亚州同意在仅涉及局部麻醉时，法院可签发命令强制通过外科手术、方法取得证据，而在Crowder案之后，Maryland州、Missouri州、New Jersey州、South Carolina州以及Florida州都主张法院可以核准外科手术行为。[2]

而后，在1982年 *Winston v. Lee* 案的初审中，美国联邦区

---

[1] Michael G. Rogers, "Bodily Intrusion In Search of Evidence: A Study in Fourth Amendment Decision Making", 62 *Ind LJ*, pp 1181 (1987).

[2] Michael G. Rogers, "Bodily Intrusion in Search of Evidence: A Study in Fourth Amendment Decision Making", 62 *Ind LJ*, pp 1183 (1987).

法院既不以 Schmerber 案提出的"完全无风险"其判断合理性之基准，也不以 Crowder 案中所提出的"无永久伤害"为标准，而是提出：侵犯性的人体采样行为能否实施的主要考虑因素应该超出 Schmerber 案所言之标准，但也不是 Crowder 案所提出的轻微手术与重大手术之标准。该案中，侦查机关不顾被告的意愿，在其身体划一道伤口、刺进肌肉组织，企图从其体内取得证据的行为，并非是为了维护被告生命或健康之必要。在综合考虑侵犯的范围、涉及的风险以及对人身完整性的侵害后，法院认为侦查机关无权进行这种取出体内子弹之手术行为。后该案被上诉到第四巡回法院，第四巡回法院亦赞同区法院之见解，其认为法院的职责不在于依照医学上规则做出判断，而在于依照现实之所有情况来综合考虑。[1]

上述美国法院的判决对人体采样实施方式的合法性似乎并未确立一个比较明确的判断标准，但是从"完全无风险"标准的 Schmerber 案，到有"无永久伤害"风险标准的 Crowder 案，最后到"个案综合判断"风险标准的 Winston v. Lee 案，皆是以"风险"作为讨论之重心。其差异仅在于如何判断"风险"，以及何谓"风险"，已高到禁止国家实施人体采样行为而已。

（3）DNA 采样可能对公民身体健康造成影响。人体采样措施的种类比较多样，尽管单纯的提取指纹、脚印等类似人体采样措施并不会给公民的身体健康造成什么影响，但若采

---

[1] Winston v. Lee, 470 U. S. 753 (1985).

取强制采取体液以及使用催吐剂获取体内生物样本这类人体采样措施,则必然会给公民的身体健康造成一定影响。因此,"无损健康"在许多国家都成为判断人体采样措施适当性的一个首要前提,也在立法中对此作出了明确的要求和规定。如《德国刑事诉讼法》规定,对身体进行的"侵入式"采样措施只能由医师依照医疗规则进行,而对于一般类型的采样(毛发、指纹)则无此项要求。这样规定的目的在于保护被告的人性尊严,同时防范出现不当的人体采样措施,还可避免因外行检查而阻碍事实真相的发现。另据德国学者介绍,《德国刑事诉讼法》中所称的"医师"是指得到医师开业许可或被允许暂时执行医师业务者,牙医师通常并非所称的可以进行"侵入式"采样的医师。反之,未取得行医资格的医学院系学生或毕业生、医师助理、护士或看护都不是适格的执行主体,最多只能在被告同意或医师的领导、监督并以医师自己名义负责的情形下,进行抽血或其他"侵入式采样"。[①] 如果涉及特别危险的采样方式,还必须由该领域的专科医师才能实施,如在 1963 年发生的"抽取脊髓案"[②] 中,为了判断被告中枢神经病变而进行的脑液或脊髓液的抽取与诊断,德国某区法院便下令由慕尼黑大学神经专科医院进行该项检查。除了对执行主体明确要求外,《德国刑事诉讼法》还规定医师在执行采样时还必须遵守在医学界普遍认可的医

[①] Vgl. Eisenberg, Beweisrecht der stop, 3. Aufl., 199, Rn. 1633. 转引自林钰雄著:《干预处分与刑事证据》,元照出版公司,2008 年版,第 71 页。

[②] BverfGE 16, 194–203, 转引自朱富美著:《科学鉴定与刑事侦查》,中国民主法制出版社,2006 年版,第 90 页。

疗规则，欠缺医疗规则的新型采样方法不被德国刑事诉讼法所允许，正如学者所指出，"被告不是'白老鼠'，没有义务接受这种带有实验性质的检查。"①

二、DNA 证据与隐私权

人的身体是个人隐私的重要领地，身体的"流体（如血液）"和"组织（如肝脏）"是一个人的生理"图书馆"，从这些流体和组织中可以发现大量关于人体的信息②，因而对人身的伤害或检查必然要影响到个人隐私的实现。隐私权与宪法对人身权的保护存在一定的重合，但两者的保护客体存在不同：人身权以生理肌体为客体，旨在保护身体组织的完整性和安全性以及支配自由；而隐私权的保护客体则是个人的私密信息。因此，人身权对身体的保护并不能全面涵盖隐私权的保护，在此有必要对 DNA 证据与隐私权保障之间的冲突进行单独研究。

（一）隐私权的内涵

一般认为，1890 年以前尚无人提出过隐私权的系统理论，也无相应的立法和判例。③ 1890 年美国学者沃伦（Samuel Warren）和布兰代斯（Louis Brandeis）在《哈佛法律评论》（第 4 期）发表的《隐私权》（The Right of Privacy）一

---

① 参见林钰雄著：《干预处分与刑事证据》，元照出版公司，2008 年版，第 72 页。
② ［美］阿丽塔·L. 艾伦·理查德·C. 托克音顿著：《美国隐私法：学说判例与立法》，冯建妹等编译，中国民主法制出版社，2004 年版，第 47 页。
③ 屠振宇著：《宪法隐私权研究》，法律出版社，2008 年版，第 12 页。

文，被视为隐私权研究的开端。① 正是由于隐私权概念出现较晚，在各国立法上也没有法律条文直接对其作一般性的定义描述或者解释，所以对其下一个统一的定义并非易事，但是通过考察其他国家的法律，可以看到，英美法系中的隐私权以判例逐步积累，涉及宪法、行政法、侵权法等多个领域，形成独立的权利保护体系；而大陆法系国家则将隐私权统归于一般人格权中，并将其置于宪法的高度予以保护，且往往通过对基本人权保护的一般性概括补充条款来加以实现。②

对隐私权的保护在世界大多数国家的立法都发展较快，并引起国际社会的关注。如联合国《公民权利和政治权利国际公约》第17条第1款规定：任何人的私生活、家庭、住宅和通讯不得加以任意或非法干涉，他的荣誉和名誉不得加以非法攻击。1948年通过的联合国《世界人权宣言》第12条也有类似的规定："任何人的私生活、家庭、住宅和通讯不得任意干涉，他的荣誉和名誉不得加以攻击，人人有权享受法律保护，以免受这种干涉或攻击。"我国宪法关于隐私权的保障主要体现在《宪法》第38、39条和第40条关于公民的人格尊严权、住宅不受侵犯权和通讯自由权的规定中，而关于隐私权之具体内容，我国民法学界则普遍认为其主要包括：个人生活安宁权、个人生活信息保密权、个人通讯秘密

---

① ［美］阿丽塔·L.艾伦、理查德·C.托克音顿著：《美国隐私法：学说判例与立法》，冯建妹等编译，北京：中国民主法制出版社，2004年版，第47页。

② 屠振宇著：《宪法隐私权研究》，法律出版社，2008年版，第66-70页。

权和个人隐私使用权四个方面①，这与国际社会关于隐私权保护的内容基本也是一致的。

隐私权以个人自主决定为核心，以个人社会参与为目的，是一种随着社会变迁而动态发展的权利。伴随着人类活动空间的不断拓展，隐私权的外延与内涵日趋丰富，权能权项逐次扩张。随着个人信息处理方式的数字化转变，人们在享受信息数字化带来的诸多便利的同时，也面临着个人信息数字化带来的风险。近半个世纪以来，有关个人信息保护的立法已经成为全球范围内最为瞩目的立法运动之一，到目前为止，全球已经有90多个国家制定了个人信息保护法。②

基因隐私权就是隐私权在人类科技进步大潮中变动发展的一种重要权利。基因技术的发展不仅可以探知人的个人身份，还可以探知其健康信息和个人行为信息等。例如，研究发现：人的暴力倾向与控制大脑复合胺新陈代谢的MAOA蛋白质的基因有关。③ 基因信息能够预测个人未来生理状况。一般的信息是关于过去的，基因信息则不同。通过对基因的分析，我们不但能够解释过去，而且能够预测未来。只要掌握一个人的基因，就犹如掌握一个人未来的日记④，随着生命科学的飞速发展，承载着个人独特信息的基因逐渐被认为

---

① 王利明主编：《民法》，中国人民大学出版社，2000年版，第514–516页。

② 张新宝："从隐私到个人信息：利益再衡量的理论与制度安排"，载《中国法学》，2015年第3期。

③ A. Caspi, "Role of Genotype in the Cycle of Violence in Maltreated Children", *Science*, Vol. 297, 851 (2002).

④ George Annas, "Genetic Privacy: There Ought to be a Law", *Texas Review of Law & Politics*, Vol. 4.9, 11 (1999).

是个人隐私的深层次内容和核心部分。① 因此可以说DNA证据是涉及个人本质尊严和深层次隐私的科学证据。

(二) DNA证据对公民隐私权的影响

由于DNA承载着个人独特信息的基因,其在刑事案件侦查的人身同一性比对上发挥了极大的作用,以至于被称为是"继'交叉询问'之后,21世纪所发明的发现事实的最佳法律装置"②、"法庭科学有史以来最大进步"③。但也正因为其所含信息的特殊性,DNA信息被称为"个人隐私的深层次内容和核心部分"④。通过DNA证据的提取和分析,与个人信息密切相关的个人血型、健康状况、身体缺陷、既往病史以及遗传基因等,都可能因此而被揭露。有学者在论及DNA信息对公民之重要性时就做过一个比喻,"国家可不可以为了比对某某嫌犯已知的身体特征,要我们每个人交出一张全身的放大裸照?有人会说,这不一样。当然不一样,因为DNA所提供的讯息,千万倍于裸照。事实上,没有比DNA更彻底暴露个人之所以为人的所有分子组合,而这也是成为人格的部分。它透露个人所有的深层隐私,其中包括我们的父系、

---

① 刘大洪:"基因技术与隐私权的保护",载《中国法学》,2002年第6期。

② Seth F. Kreimer, "Truth Machines and Consequences: The Light and Dark Sides of Accuracy in Criminal Justice", 60 *N. Y. U. Ann. Surv. Am. L.* 655 (2005).

③ Rebecea Sasser Peteoon, DNA Databoe: When Fear Does Too Far, 37 Am. Crim. L. Rev. 1210, 1213 (2000).

④ 刘大洪:"基因技术与隐私权的保护",载《中国法学》,2002年第6期。

母系、手足乃至于不为外人所道的遗传特征和生理缺陷。"①在受检材料的鉴定分析过程中，国家实际上已经侵犯了公民的隐私，这些基因信息一旦被泄露和滥用，个人隐私权将受到严重的侵害。② 正如有学者坦言，"我想任何人都不会反对破案人员从现场提取 DNA，我认为利用 DNA 抓捕罪犯是件好事，但是我们有必要对其附带影响进行分析，例如如何使得这些信息不被保险公司、政府部门以及好事的邻居得到，因为这些信息甚至可能会成为企业歧视员工的基础。"③

从域外立法情况来看，《德国刑事诉讼法》第81条a是对被告人采集身体细胞的法律依据，但联邦宪法法院在针对1983年人口普查法的宪法判决中，除判决该法部分条文不符合基本法而无效外，指出：第一，在现代化资料处理状况下，《德国基本法》第2条第1项和第1条第1项中的一般人格权包括个人保护其本人资料不受无限制地提取、储存、使用和传送，并保障个人自我决定透露或使用其个人资料的权利，即保障身体信息自我决定权。第二，只有为重大公共利益时才允许限制信息自我决定，且此项限制需要一项合乎宪法的法律基础，而此项法律基础必须符合规范明确性的法治国家的要求，此外立法在该规范中必须注意到比例原则，仍需就机关规定及程序规定采取预防措施，以防止人格权受到侵害

---

① 林钰雄著：《刑事法理论与实践》，中国人民大学出版社，2008年版，第326页。

② Leigh M. Harlan, "When Privaxy Fails: Invoking a Property Paradigm to Mandate the Destruction of DNA Samples", 54 Duke L. J. 179, 180 (2004).

③ 林健中："隐私权概念初探——从美国法之观点切入"，载《宪政时代》，2003年第23期。

的危险。① 受此判决的影响，德国对于采取血液进行 DNA 鉴定，其信息自我决定权是否在第 81 条 a 允许采取体细胞的限制范围内开始引起怀疑和讨论。一般而言，对于此问题，可分为两种情形，纵然强制采取犯罪嫌疑人的血液而实施 DNA 鉴定是为了人的同一性识别，若 DNA 鉴定是以染色体中可以读取遗传信息区域为对象者，因其已侵犯了基本法保障的人性尊严，从而违反基本法第 1 条第 1 项，不在《德国刑事诉讼法》第 81 条 a 允许的范围之内，但对于染色体无记录遗传信息的部分进行鉴定分析尚存在争议。因此对于比血型分析更敏感，可进一步透露出亲子关系或遗传病的个人身体信息的 DNA 鉴定，《德国刑事诉讼法》第 81 条 a 至 d 是否满足人口普查法的保障信息决定权的要求即生疑义，为免滥用，德国乃有另外订立法律要求的声浪，在 1997 年增订第 81 条 e "DNA 分析"及第 81 条 f "DNA 分析的命令和实施"，1998 年增订刑事诉讼法第 81 条 g。也正是基于这种担忧，国际人类基因组织（HUGO）伦理委员会提交的《关于 DNA 取样：控制和获得的声明》中才指出："在收集、储存和使用人类 DNA 中，尊重自由的知情的同意和选择以及尊重隐私和保密，是合乎伦理的研究行为的基石。"②

个人信息自我决定权也是随着时代的发展而逐渐衍生出来的新型隐私权，而 DNA 数据库的建设无疑会侵犯此种形态的隐私权。目前，世界绝大多数国家的法庭科学 DNA 数据库

---

① BVerfGE65，1，1984.
② HUGO 伦理委员会：《关于 DNA 取样：控制和获得的声明》，邱仁宗译，《医学与哲学》，1999 年第 8 期。

都在政府支持之下大举建设和扩容，一些学者认为分析和储存 DNA 分型结果有利于社会治安且并不会对公民权利造成实质性侵害，并由此主张将全体国民的 DNA 分型结果永久性地储存于国家法庭科学 DNA 数据库中。然而，多数学者并不认同这一主张，如我国台湾地区学者郑昆山指出："当事人资讯自我决定权，对于在做 DNA 分析时，并不是针对密码区的细部构造去多做叙述，而是确定并比较特定片段间长度上的差异而已。虽只是比较长短，可是此资讯的公开与否，当事人还是有决定的自由，所以，此时就涉及到对个人资讯自我决定之基本权的侵害。"[①]

美国的司法实践已经证明了这一点。1992 年，美国发生 *Jones v. Murray* 案。在该案中，美国联邦最高法院首次检视美国宪法第四修正案是否允许维吉尼亚州法授权建立"犯罪者 DNA 数据库"。按 1990 年时维吉尼亚州法规定，经判决宣告之重罪犯（Convicted Felons），须接受强制抽取血液样本供政府机关从事 DNA 分析。上诉人 Jones 等六人认为维吉尼亚州法授权政府机关实施非自愿性抽取血液的行为违反了美国宪法第四修正案规定。美国联邦最高法院判决：强制抽血制作 DNA 档案可在未来重罪犯再次犯罪时，协助犯罪之侦查，并给予重罪犯心理压力，预防其再犯。这种做法关乎公共利益，较重罪犯之隐私权益更为重要，因而判定维吉尼亚州法授权政府机关强制抽取重罪犯血液样本之规定并不违宪。由该案开始，美国各州开始大举建设 DNA 数据库，也由此引发了较

---

① 郑昆山："DNA 采样与犯罪防治———从法治国刑法观点以论"，载台湾地区《月旦法学杂志》，第 167 期，2009 年 4 月，第 53 – 54 页。

大争议。①

2010年，美国警方采用家族检测的方式，借助国家法庭科学DNA数据库破获了一起曾经轰动全社会的陈年积案——"冷酷睡客"系列杀人案。1985～2007年，美国洛杉矶南部地区发生了10起凶杀案件，这10名受害者几乎全部为黑人女性，多为妓女，她们的尸体都在洛杉矶市区附近的垃圾箱中被发现，大多是被扼死或被手枪打死。种种迹象表明，这些案件都是一人所为，由于凶手作案都是在夜间，而且在1988年后"沉睡"了14年再于2002年作案，所以获得"冷酷睡客"的绰号。警方最初将犯罪现场收集到的DNA信息与国家法庭科学DNA数据库中的信息进行比对，却没有发现任何有价值线索。在几年后再次进行DNA比对的过程中，警方发现一名因枪械重罪的指控被定罪的年轻男子的Y染色体与案发现场遗留物的Y染色体完全匹配。但是该男子太年轻，不具备实施这一系列杀人案的年龄条件。因而，警方怀疑凶手可能是该男子的一级亲属。他们提取了该男子的父亲——朗尼·戴维·富兰克林的DNA信息，经比对，朗尼的DNA信息与犯罪现场遗留的DNA信息完全匹配，证明其就是"冷酷睡客"。

虽然这一案件的破获非常振奋人心，但是不少人对这种做法对隐私权的潜在危害深表担心。保护公众隐私权的支持者警告道，这一实践可能被滥用，并有效地促成有罪推定的刑事司法模式。在上述案例中，警方只是对犯罪现场遗留的

---

① *See* REBECCA SASSER PETERSON, *DNA Databases*: *When fear goes too far*, 37 AM. CRIM. L. REV. 1219, 1230 (2000).

检材进行进一步分析和运用，就已经对公民的隐私权构成严重威胁。可以想见，如果法庭科学DNA数据库在管理上存在漏洞，导致纳入数据库中的公民的DNA生物样本被泄露出去，将会对公民的隐私权造成更为严重的侵害。①

三、DNA证据与不被强迫自证己罪权

（一）不被强迫自证己罪权的内涵

不被强迫自证己罪（Privilege against Self-incrimination）是指任何人于任何刑事案件中，不得被强迫成为对自己不利之证人。不被强迫自证己罪的概念来自法谚，"nemo tenetur-seipsum accusare"，其意为"任何人均不应指控自己"，因此每个人都有免于证明自己有罪的权利。不被强迫自证己罪权利的思想源自17世纪末期欧洲启蒙运动的开展，这一时期对人的主体性地位的思考发展出人的价值、人性尊严、人的权利保障的尊重。人作为一个主体，每个人均为独立、自决的独立个体，对于自身有自主的、完整的支配能力，此即为人性尊严之涵意。以人性尊严为基础，在彰显国家公权力的诉讼程序方面，也发展出许多原则以保障人的主体价值，例如程序法定原则、无罪推定原则以及不被强迫自证己罪的观念。不被强迫自证己罪观念于英美法系发展较早，如在英国，17世纪因广大人民反对教会法院"强迫自证有罪"的审问模式，使英国国会废除教会法院及皇室法院。随着普通法法院

---

① 参见瓮怡洁："法庭科学DNA数据库的风险与法律规制"，载《环球法律评论》，2012年第3期。

逐渐确立其优越之地位,任何人均不须被迫指控自己之观念得到普遍的承认,19世纪,皇室法院时代的一切诉讼程序完全被排除,被告无自证己罪之供述义务因而确立。[①] 美国早在公元1776年独立宣言发表时,就有不被强迫自证己罪之观念,其原因在于美国的早期移民大部分为当时受皇室法院逼迫而逃往美国之清教徒,基于清教徒之自由精神与对英国政府的反抗,不被强迫自证己罪的观念也早早成形。1791年,《美国联邦宪法第五修正案》这一观念入宪,规定:"任何人于刑事案件中,均不得被强迫成为不利于己的证人。"[②] 之后,美国最高法院通过一系列判例使不被强迫自证己罪权利的内容丰富而具体化。随着时间的推移,第五修正案所确定的这项权利成为美国刑事诉讼制度的根本支柱。不论是州,还是联邦政府,都必须合乎宪法地通过独立和自主获得的证据来认定有罪,并且不应强制性地利用被告人自己的嘴来证实针对他的指控。[③] 不被强迫自证己罪不仅体现了无罪推定原则的精神,还符合程序正义的要求。无罪推定原则要求在刑事诉讼中把犯罪嫌疑人、被告人视为诉讼主体,并且享有相应的诉讼权利,以保护犯罪嫌疑人、被告人免受专横的刑事追究。在刑事诉讼中,证明被告人有罪的只能是控诉机关,控诉机关必须用确实充分的证据来支持其对被告人的指控,

---

① 陈运财:"论缄默权之保障",载《刑事诉讼与正当之法律程序》,元照出版公司,1999年9月版,第318页。

② 朱朝亮:"缄默权之研究",载《刑事证据法则之新发展——黄东熊教授七秩祝寿论文集》,学林文化事业有限公司,2003年6月版,第308页。

③ 参见[美]约翰·W·斯特龙主编:《麦考密克论证据》,汤维建等译,中国政法大学出版社,2004年版,第233页。

而被告人不负有提供证据证明自己无罪的义务。

不被强迫自证己罪权不仅仅是一项证据规则，更是一项人权原则。个人的尊严和隐私受到保护是促使该原则产生的重要因素。法治社会的基本特征之一是个人自治，这种个人自治的信念是出于自我保护的本能。自我保护的人性是正当合法的，因此一个人出于自我保护的目的而不进行自我控告、拒绝为证明自己的罪行提供证据也是完全正当合法的。要求一个人自己控告自己、自己提供证据证明自己有罪，并因此而受到惩罚无疑是违反基本自然法则的。因此，在刑事诉讼中，犯罪嫌疑人、被告人的自主权应当受到尊重，他们可以自由选择他的态度，决定是否与官方合作，而不能被强迫予以协助。在传统观念中，学界一般认为不被强迫自证己罪权利所保护的证据对象仅限于言词证据[1]，不被强迫自证己罪的判断关键是看是否存在强迫逼供的情形发生，如果自证其罪的证言是自愿作出的，则该证词是合法的，是可以被采信作为证据的。

（二）DNA证据对不被强迫自证己罪权的影响

随着现代科学技术的发展，DNA鉴定、指纹鉴定、笔迹鉴定、声纹鉴定等法庭科学技术的运用日益广泛，而这些技术手段的运用，需要从被追诉人身上提取血液或者要求被追诉人作出捺指印、书写特定的文字、说出特定的话语等行为。在被追诉人拒绝配合的情况下，强制从被追诉人身上提取

---

[1] 参见游伟、孙万怀："论刑事诉讼中反对被迫自证其罪的权利"，载《法律科学》，1998年第3期。

DNA样本的行为，又是否违反了不被强迫自证其罪？对此，域外理论界有学者认为强迫被追诉人的身体成为对其不利的证据，违反了不被强迫自证其罪，如有学者指出："DNA是能够开口说话的。即使被告人保持沉默，DNA也会代替被告人将他内心的想法说出来，这显然违背了宪法第五修正案所规定的不被强迫自证其罪的基本原则。"[1] 另有学者指出，"自我归罪的证据应当做广义理解，它包括从被告人身上获得的任何事物，如血液、呼出的气体，或身体上的其他东西……辨认的结果、被告人参与的侦查实验结果等，甚至还包括通过其陈述发现的实物证据"。[2]

而域外实务界对此却有不同看法。在这个问题上，美国联邦最高法院技巧性地将宪法第五修正案的保障客体限制于供述或证言及具供述意义的对象或文书，并对"供述"作字义上解释，认为应具有意思传达性质，因此，对犯罪嫌疑人或被告所做的指认、指纹采取、摄影录音，或为其他一定动作、穿着，甚至包括对犯罪嫌疑人或被告为抽血之行为，均认为并非强迫"供述"，不违反第五修正案规定的不被强迫自证己罪的权利。[3] 而且，同样是强迫被追诉人提供笔迹样本，美国联邦最高法院对此的态度大相径庭。联邦最高法院于1967年在 Gilbert v. California 案中基于笔迹样本属于实物证据，裁定不被强迫自证其罪权并不禁止强迫嫌疑人提供笔

---

[1] Jill C. Schaefer, Profiling at the Cellular Level: The Future of the New York State DNA Database, 14 Alb. L. J. Sci. & Tech. 550, p, 572 (2004).

[2] David M. Paciocco and Lee Stuesser, Essential of Canadian Law: The Law of Evidence, Published in 1996 by Irwin Law, p154.

[3] Schmerber v. California, 384 U. S. 757 (1966).

迹样本；① 但在 1988 年的 *Doe v. United States* 案中，联邦最高法院又将被追诉人被迫制作的笔迹样本纳入言词证据的类型，认为强迫被追诉人提供笔迹样本违反了不被强迫自证其罪。② 其缘由在于联邦最高法院认为以下两种情形下强迫被追诉人提交笔迹样本存在差别：在 *Gilbert v. California* 案中，追诉方不过是强迫被追诉人交出已经存在的笔迹样本；而在 *Doe v. United* States 案中，警方强迫被追诉人现场通过书写制作笔迹样本，法院认为被追诉人制作笔迹样本之行为本身表达了被追诉人的意思，即"这是我的笔迹"。

而在德国，德国法虽然认为强迫利用被追诉人的身体成为对其不利的证据并不违反不被强迫自证其罪，但是却以不得强制被追诉人以积极的行为配合为前提，按照德国法之理论，"不被强迫自证己罪的射程距离，仅止于被告'积极'自证己罪义务的禁止，并未免除其'消极'的忍受义务，因此，当被告作为强制处分或其他调查证据方法的对象时，例如抽血检测、身体勘验或（与证人或共同被告）对质等，国家纵使课予被告忍受义务，亦不违反不被强迫自证己罪原则。"③ 也就是说：国家可以强制从被追诉人身上提取血样，但却无权径直地要求被追诉人提交血样；可以强制地剪去被追诉人的胡子，但却无权强迫被追诉人自己剪下胡子。比如德国判例认为，"虽然犯罪嫌疑人没有义务作口头陈述，但

---

① Gilbert v. California, 388 U.S. 263（1967）.
② Doe v. United States, 487 U.S. 201（1988）.
③ 林钰雄：《刑事诉讼法（上册）》，中国人民大学出版社，2005 年版，第 129 页。

是他的身体可以用作证据……在医院里，被告人被捆绑在床上以抽取血样。但是，他不能被强迫提供口中或肺里的气体做呼吸分析测试，因为呼气是一种积极的行为。""法院曾经规定，强奸案件的被害人，如果只听到犯罪嫌疑人的声音但没有看到他的脸，允许其偷听犯罪嫌疑人和警察在警局的谈话，虽然犯罪嫌疑人不能被强迫提供声音的样品。法院还在没有明确法律授权的情况下，准许犯罪嫌疑人和证人之间进行强制性的当面对质，并且可以强迫犯罪嫌疑人同意剪去他最近长出的胡子，强迫犯罪嫌疑人戴上被银行拍摄下来的抢劫犯所带的面具。"[①]

从境外主要法治国家的刑事司法实践的考察情况看，似乎都未否定侦查机关依法强制采集被追诉人的 DNA 样本的权利，且都认为这种强制采样行为不与不被强迫自证己罪权相抵触。究其原因，正如我国学者所指出："与其他实物证据不同，被追诉人的身体证据与被追诉人的身体紧密相连，只能在被追诉人本人主动配合或者被动忍受的情况下才能获取；离开了被追诉人之身体，国家通过其他途径难以获得被追诉人的身体证据。也许正是基于此，在通过其他途径能够获得被追诉人身体证据的情况下，再强迫被追诉人提供能够反映身体特征的证据可能就会被认为违反了不被强迫自证其罪。"[②]

[①] ［德］托马斯·魏根特著：《德国刑事诉讼程序》，岳礼玲等译，中国政法大学出版社，2004 年版，第 77–78 页。
[②] 陈学权："论不被强迫自证其罪的保护客体"，载《政法论坛》，2013 年第 5 期，第 183–184 页。

第三节　DNA证据运用与公民权利保障的平衡

宪法赋予公民基本权利以划定公权力的边界，同时赋予公权力确定基本权利界限的权限，基本权利的限制必须以宪法为限制之前提，所有基本权利的限制必须可以追溯至宪法本身。因此问题的关键在于：怎样限制基本权利才是合宪的？理论上一般认为，基本权利限制的合宪性可以从形式合宪以及实质合宪两个方面进行考量。前者指的是限制方式的合宪性，基本权利的限制不论是直接限制或是间接限制都需要具备法律的依据，尤其是直接限制并不表示行政机关可以直接援引基本权利条款来干预基本权利。因此形式的合宪性所要讨论的便是基本权利限制的方式。基本权利限制的实质合宪性则着眼于限制的内容、考量限制的目的及手段、分析侵害的程度、特别是审查有无逾越必要限度。[①] 通过上文分析可以看出，DNA证据与公民权利保障存在较为直接的冲突，而从域外立法情况来看，在赋予公权力机关DNA采样、运用权的同时，其权力行使也必须接受形式和实质两重层面的合宪性审查。其形式上的合宪性审查主要是通过法律原则来实现，而实质上的合宪审查则主要是通过比例原则和司法审查原则来实现。

---

① ［德］伯阳著：《德国公法导论》，北京大学出版社，2008年版，第91页。

一、以形式性审查实现事前制约

形式性审查指的是限制方式的合宪性审查,即基本权利的限制不论是直接限制或是间接限制都需要具备法律的依据,在 DNA 证据的相关立法上,域外立法主要通过法律保留原则的贯彻来实现,具体体现在:

首先,法律保留原则意味着授权基础的明确性问题。域外国家通过立法或判例将人体采样措施进行分类细化规定,并且随着人体采样技术的发展而不断修改相关法律。例如,美国通过判例阐释了"一般侵权的采样"与"重大侵权的采样"之区别,并界定其不同的启动标准;英国通过成文法明确对非私密性人体生物样本、指纹与私密性样本设置不同的提取程序;德国则在法律层面将一般性人体采样和加重形态的"侵入式检查"、对被追诉人的检查与对第三人的检查进行区别,并在立法层面进行了不同设计;日本也根据实施方式、目的的不同将人体采样分为勘验性和鉴定性两种分别加以规定等。

其次,法律保留原则也意味着对 DNA 采样不能进行类推使用,法律若没有明文授权可以进行人体采样的情形,则不得类推使用法律所规定的人体采样手段,比如法律如果只授权司法警察对"拘捕到案"犯罪嫌疑人强制采样,那么对于"自愿到场"的犯罪嫌疑人,则不能以类推适用方式对其强制采样。[1]

---

[1] 林钰雄著:《干预处分与刑事证据》,元照出版公司,2008 年版,第 30 页。

二、以合宪性审查实现过程监督

基本权利限制的实质合宪性则着眼于限制的内容、考量限制的目的及手段、分析侵害的程度、特别是审查有无逾越必要限度。域外立法主要通过比例原则和司法审查原则的贯彻来实现实质上合宪性的审查。

（一）在实施要求上，普遍体现了比例原则的要求

所谓比例原则，具体而言，就是要求国家立法、行政和司法机关在实现其法定职能的过程中，如果为了保护国家和社会公益而不得不对公民个人权利加以限制或剥夺的话，要尽可能选择对公民个人权利损害最小的手段，并且其行为对公民个人造成的损害不得大于该行为所能保护的国家和社会公益。比例原则是由"适当性""必要性""相称性"三个部分的内容构成，因此其在人体采样制度设计中的落实也是通过这三个方面来实现。

"适当性"的基本含义是要求国家机关所实施的每一职权行为都必须以实现宪法或法律所规定的职能为目标，并且有利于其法定职能和目标的实现。比如，针对盗窃案件的犯罪嫌疑人进行指纹和脚印提取，并将其与案发现场的遗留指纹和脚印进行比对以判断其是否到过案发现场的侦查行为，显然符合适当性原则；反之，如果超过这一目的以外的其他检查，比如随意抽血或提取尿液，便超过了本案追诉目的而不符合适当性原则的要求。

"必要性"又称"最小侵害性"，其基本含义是要求国家机关在实现某一职能时如果必须对公民权利加以限制的话，

应当选择对公民权利损害较小的手段。比如，1984年《英国警察与刑事证据法》中就体现了这项原则的要求，即如果"毛发的提取是以DNA分析为目的（而不是以进行比如视觉比对为目的），应允许嫌疑人对提取哪一部分的毛发进行合理的选择。如果毛发是拔除的，那么应当单个地拔除，除非嫌疑人愿意采取其他方式，而且不应多于拔除人认为构成充分标本所必要的限度。"[1] 德国判例则指出DNA采样只能在无法找到可替代性措施时方可使用，"根据犯罪案件的严重性、存在嫌疑以及该证据极为重要和取证的必要性、无法找到替代手段等情况存在时，在判定为侦查犯罪确实不得已时，应作为最终手段。在遵循正当的法律程序上，对犯罪嫌疑人身体安全及其人格给以充分保护后实施。"[2] 此外，另需指出的是，最小侵害性的判断标准仅限于"同等有效"手段之间的比较，比如吐气测试和抽血检测血液中的酒精浓度，从对公民权利的侵犯程度来看，当然是前者较为轻微，但问题在于吐气测试的准确度和可靠性与抽血检测不具有"同等有效"的作用，因此选择抽血来替代吐气测试并不会违反最小侵害原则的要求。

"相称性"本质上是一种利益衡量，也即国家机关在实施职权行为过程中，必须考虑对公民权利造成的损害（成本）与其所保护的国家和社会公益（收益）之间的比例关

---

[1] 中国政法大学刑事法律研究中心组织编译：《英国刑事诉讼法》（选编），中国政法大学出版社，2001年版，第479页。
[2] 陈光中主编：《中德强制措施国际研讨会论文集》，中国人民公安大学出版社，2003年版，第179页。

系，也就是说即使国家机关采取了合适且在当时条件下对公民权利侵害最小的手段，但如果该手段对公民基本权利造成的损害与其所保护的国家和社会公益不相符合，那么该手段之实施仍然违反了比例原则的基本要求。

（二）在启动审查上，普遍贯彻司法审查原则

从域外几个较具代表性国家的立法状况来看，基本都在立法上对人体生物样本采集措施设置了司法审查程序，例如，美国将人体采样归为搜查措施，适用搜查的规则都普遍适用于人体采样，即原则上都需要经过司法审查，并根据人体采样措施对公民权利影响程度的不同设定了不同的实体要件，对于公民权利影响较大的人体采样，法院在决定是否核发令状时，除了审查相当理由外，还必须考虑取得证据必要性的因素。比如对于通过手术方式从犯罪嫌疑人身体内采集子弹行为的实体要件最高，利用呕吐剂从嫌疑人胃里或通过泻剂从肠道里获取证据行为的实体要件居其次，而采血、采尿行为的实体要件最低。[①] 此外，由于和普通的搜查相比，人体采样对公民权利侵害的程度更加严重，立法对其做出了特别的规定，如美国联邦最高法院确认，"强制侵入他人身体必须被作为第四修正案中的搜查，如果缺乏可能事由与令状，又不属于已被确定了的少数例外情形，强制采集唾液、尿液、血液甚至呼吸气体的行为均属于违宪性搜查。"[②] 在德国，人

[①] Jay A. Gitles, "Fourth Amendment Reasonableness of Surgical Intrusions", 76 J. Crim. L. & Criminology 116. (1985).

[②] Miehael G. Rogers, "Bodily Intrusion in Search of Evidence: A Study in Fourth Amendment Decision making", 62 nd, L. J. 1181. 1182 (1987).

体采样原则上也只能依据法官的命令才能进行,且对于严重的人体采样措施采用的是绝对法官保留原则,即除法官外,任何机关无权决定这种措施的使用。另外,德国实务也进一步明确:法官的命令必须明确,重大之侵犯应说明其必要性、不可侵犯性,且法官亦有义务说明是否出于刑事诉讼法第81条 a 所规定的"为确定诉讼上重要事实之必要"目的。[①] 如果出现依法官命令或紧急情形下由检察官或其辅助人员所进行的检查或抽血检验,如果应当接受人体采样的人拒绝检查时,法官有权依照刑事诉讼法的相关规定对其处以秩序罚或强制措施,但若对拒绝接受人体采样的人有实施直接强制必要时,只有当其已被处以罚款而仍拒绝接受检查,且有法官的特别命令时,才可以行使。[②] 上述做法对我国无疑具有启示意义。

三、以救济机制的设置实现事后监督

(一) 实体层面的救济

实体层面的救济主要通过国家赔偿(行政赔偿)、侵权赔偿以及对违法行为实施者的惩戒等方式来实现,其意义在于通过对被侵权人的赔偿、补偿、救助以及对违法行为实施者的惩戒来恢复被侵害的权利、平复其情绪。

从实体层面来看,1961 年以前,损害赔偿制度几乎是美

[①] 《德国刑事诉讼法》,李昌珂译,中国政法大学出版社,1995 年版,第 23-24 页。
[②] [德] 克劳斯·罗科信著:《刑事诉讼法》(第24版),吴丽琪译,法律出版社,2003 年版,第 323 页。

国许多州对违法搜查行为的唯一救济途径。然而由于造成违法搜查的原因很多，涉及的伤害也错综复杂，因此缺乏一个客观的标准来对损害进行评估，也很难对损害进行精确的计算。损害赔偿制度存在的另一个问题就是使侦查人员在损害赔偿制度中处于惩罚与奖励不对称的窘境：如果行为违法，得照章赔偿；而行为得当，也无法因此受到实质性的奖励，这样不仅会打击侦查人员工作的积极性，甚至会使侦查人员因担忧承担过于沉重的赔偿责任而连合理的任务也不去执行。此外，仅仅规定损害赔偿制度尚不足以保障公民合法权利不受国家权力的滥用而带来的侵害，美国联邦最高法院 *Weeks v. U. S* 案中即指出，"（吾国）倘若仍沿袭英国传统旧制，仅以违法搜证自己执法人员以刑事责任，或赋予被害人民事损害赔偿请求权，资为法律上之救济方法，而仍容认不法取得之证据具有证据能力，此实不足以有效遏制执法人员之违法取证行为，唯有采行较为激进而务实之手段，亦即，从根本上将违法取得之证据予以排除使用，如此，方能彻底铲除执法人员违法搜证之根本诱因，使人民应享有之宪法基本权利真正获得确保。"[①]1961 年，美国联邦最高法院在 *Mapp v. Ohio* 一案中将证据排除规则扩及适用于美国各州法院管辖的刑事案件，从此证据排除规则成为对非法搜查的最重要救济措施。与美国通过严格的证据排除规则来实现对违法人身检查的救济不同，英国建立起的主要是一套实体性的救济机制。在英国的普通法中，证据的取得方式与可采性无关，这

---

① 林辉煌著：《论证据排除——美国法之理论与实务》，北京大学出版社，2006 年版，第 8 页。

就使得违反法律规定所获得的证据具有可采性,但这项古老的普通法原则在20世纪的后半叶受到了挑战,并有所松动。虽然在1984年《英国警察与刑事证据法》制定之后,建立起了一套法定排除与(法官)裁量排除相结合的证据排除模式,但从实践情况来看,在英国因为警察取证程序违法而排除所取得证据资料之证据能力的案例非常少,至少笔者目前尚未发现一起因为警察非法取样而排除DNA证据证据能力的案例。究其原因,和英国的司法传统有关。英国人相信,通过用非法证据排除规则之外的其他处理方式也能防止警察非法搜查等取证行为,多年以来,英国公众对警察违反职权的行为主要是通过提起诉讼、使其承担民事责任或刑事责任来寻求救济,并以此来抑制警察的违法行为。比如1964年《英国警察法》即对警察的侵权行为承担方式做出规定,"警察局长要对在其指挥和控制下的警察在行使职权或意欲行使职权的过程中所实施的侵权行为负责,判处的损害赔偿金应从警察基金中支出。"除了承担民事责任外,违法的警察还会受到纪律惩处以及刑事指控;对某个警察的指控可以向该警察的上司提出,并将报告呈送检察官,由检察官决定是否对该警察提起诉讼。[1] 当然,由此也只能说实体救济是英国对于违法侦查行为的主要救济方式,其亦有通过证据排除来实现对非法人身检查进行救济的案例,也即程序性制裁方式依然存在,比如在上文所述之1987年的 *Matto v. Wolverhampton Crown Court* 案,英国皇家刑事法院就因为警方对被告先前逮

---

[1] 杨宇冠著:《非法证据排除规则研究》,中国人民公安大学出版社,2002年版,第167、179页。

捕程序不合法为由，否定了警方所取得之呼吸样本的证据能力。①

在德国，受到 DNA 样本采集影响的公民可以要求对 DNA 采集行为的合法性进行司法审查：如果该行为是依司法令状进行的，那么被搜查者可以向地区法院提起上诉；如果该行为是由检察官或警察命令进行，那么被检查者可以要求事后进行司法确认。比如德国联邦宪法法院在德国 1950 年所发生的一起案件的判决中，就保护了公民的这项权利，该案在德国文献中广被引用。在该案中，被告因为犯背信罪而被德国某区法院命令进行人身检查，以便确认其责任能力。区法院法官指定的医师认为为了进一步确定病情，除了必须进行血液检测之外，还要抽取脑、脊髓液来化验，才能诊断出结果。而此项体液抽取必须以长针针管穿刺进入脊髓管道间，穿刺点会落在上腰部脊髓（腰椎穿刺术）或者头皮与上颈椎间的枕骨脊髓（颈椎穿刺术）。由于本案被告拒绝接受这种穿刺手术，因此，该区法院在 1958 年 11 月 11 日依照《德国刑事诉讼法》第 81 条 a 中关于人身检查的授权规定，以裁定形式命被告接受慕尼黑大学神经专科医院之上述检查。本案被告不服裁定，最后向德国联邦宪法法院提起了宪法诉讼。德国联邦宪法法院认为尽管本案犯罪的澄清具有公共利益存在，但对公民基本权利的重大侵犯手段必须以存在重大的公共利益来正当化，以避免过度的侵犯。由于本案仅涉及轻微的财产犯罪，而所欲进行的体液抽取措施却是重大的、侵犯

---

① Matto v. Wolverhampton Crown Court, [1987] R. T. R. 337 DC.

性的身体侵犯,因此德国联邦宪法法院最后以违反比例原则为理由,撤销了区法院的裁定。① 而从近几年情况来看,德国联邦宪法法院更是实质性地扩展了事后司法确认的适用范围,规定受侦查行为影响者有合理的权利要求对侦查行为的合法性进行事后的事实确认。② 日本法制深受德国影响,从实体层面来看,日本通过建立抗告制度来保障被检查人的异议权,以实现对其救济。具体而言,被采集人如果认为对其进行 DNA 采集的裁定不当时,可以就此提起抗告,抗告的内容既包括针对法院对拒绝接受人身检查的人所做出或赔偿费用的裁判决定提起的"即时抗告"③,也包括针对法院作出的鉴定留置裁判提起的"准抗告"④。此外,对于因为非法检查而造成其权利受到侵害的,也可就此提起赔偿。

(二)程序层面的救济

在程序层面,对被非法收集 DNA 者的救济主要是通过非法证据排除规则来实现,其意义在于否定侦查机关所非法取得之 DNA 证据的证据能力,从而给予侦查机关以制裁。从域外立法情况看,美国和德国的证据排除规则设置比较有特色,因此本书重点介绍。

---

① 转引自林钰雄著:《干预处分与刑事证据》,元照出版公司,2008 年版,第 40 页。
② [德] 托马斯·魏根特著,《德国刑事诉讼程序》,岳礼玲、温小洁译,中国政法大学出版社,2004 年版,第 114 页。
③ [日] 松尾浩也著:《日本刑事诉讼法》(下卷),张凌译,中国人民大学出版社,2005 年版,第 206 页。
④ [日] 松尾浩也著:《日本刑事诉讼法》(下卷),张凌译,中国人民大学出版社,2005 年版,第 209 页。

从美国立法和实践情况来看，对 DNA 证据的采集程序的讨论是纳入人身检查制度进行的，因此就人身资料收集所形成的相关判例都具有参考价值。美国最高法院在 1952 年的 *Rochin v. California* 案中，即以侦查人员的取证手段"冲击良心道德"为由排除了侦查人员所取得之认定被告有罪的证据。① 联邦最高法院 Frankfurter 大法官书写该案判决的多数意见时称，本案中获得有罪判决之手段已过分超越打击犯罪之要求及个人感情。并直言，插入胃管之行为"冲击良心道德（Shocks the Conscience）"，违法侵犯 Rochin 隐私的行为、强行打开他的嘴巴并除去其嘴里东西的行为以及强迫取出他胃里的内容物之行为无一不是"野蛮粗暴行为"，因而违反了宪法第十四修正案的正当程序之要求。② Douglas 大法官亦发表协同意见（Concurring）赞同多数意见，并指出："未经被告同意而从被告口中得到供述，或从被告胃里取出胶囊，以及从被告血管里抽取血液的行为所得之证据，都是违反宪

---

① 3 名洛杉矶治安警官于 1949 年 7 月 1 日上午进入 Rochin 的家里。治安警官因外门开着而直接进入其房屋内，并强行打开 Rochin 房间的房门。开门后，发现坐在床边的 Rochin 以及床头柜上有两颗胶囊，当治安警官问"胶囊是谁的？"时，Rochin 抓起床头柜上的胶囊吞了下去。3 名治安警官"冲向他"并试图拿出他嘴里的胶囊，因而双方发生扭打，但警方仍未获得被 Rochin 吞入口中的胶囊，随即 Rochin 被铐上手铐带至医院。在其中一位治安警官的指示之下，医生在违反 Rochin 意志的情况下，用胃管强行灌食呕吐剂，这使得 Rochin 当场呕吐，而在其呕吐物中发现吞下的两颗胶囊，后经证实含有吗啡。Rochin 因此被洛杉矶郡立高等法院判决有罪，有罪判决之主要证据就是那两颗胶囊。Rochin 对此有罪判决不服，提起上诉，而加州第二区上诉巡回法院（the District Court of Appeal for the Second Appellate District）驳回了 Rochin 的上诉，之后加州最高法院亦驳回 Rochin 之听证程序申请（Petition for a Hearing），Rochin 因而上诉至美国联邦最高法院。参见 Rochin v. California, 342 U. S. 165（1952）。

② *Rochin v. California*, 342 U. S. 179（1952）。

第三章　DNA 证据的形成与公民权利保障　◆

法第四修正案第五条规定，因而不具证据的可采性。"① 同样，前置程序的不合法也会导致身体检查资料的证据能力被否定，如在 1969 年的 *Davis v. Mississippi*② 案中，美国联邦最高法院就以警察的先前逮捕行为不合法为由排除了其所取得的指纹的证据能力。美国联邦最高法院认为：单纯为了取得指纹目的而逮捕被告仍然应当受到宪法第四修正案的限制，本案警察既无逮捕令状、又无相当理由，因此其对被告 Davis 之逮捕行为并不合法，由此而取得之被告指纹亦不得作为本案证据使用。此外，由于 DNA 采样的实施、DNA 资料的保管具有特殊性，因此如果实施程序、保管程序不规范，同样会导致所取得证据被排除。如在著名的辛普森案件中，辩方胜诉的一个重要原因就在于其对控方 DNA 样本获取及保管程序合法性的置疑得到了法庭的认同。辛普森的"梦幻律师团"以现场取证的警官取证时没有按操作规定戴橡胶手套、让技术级别不够的助手操作取证、血样没有及时送检、在高

---

① *Rochin v. California*, 342 U. S. 179 (1952).
② 1965 年 12 月 2 日，一名犯罪嫌疑人实施入室抢劫后逃离现场，而被害人除了对犯罪实施者种族及大概年龄的描述外，并未提供任何其他特征。因此，警察布下广大的侦查网，并在之后 10 天内分别在警局、学校及街头等地讯问了四五十名黑人青少年，并要求其按捺指纹，Davis 亦为其中 1 名。Davis 在案发隔天即被带往警局讯问，留下指纹后释放。在之后的几天内，警察在 Davis 的家中、车上或警局多次对其进行讯问，并将 Davis 带往被害人住院的病房中，让被害人加以指认，但被害人仍无法指出 Davis 是否为攻击他的人。1965 年 12 月 12 日，警察将 Davis 带往距城市 90 英里外的 Jackson 监狱监禁了一整夜，并为其做测谎，后被带回 Meridian 监狱，在监禁期间，被告 Davis 于 12 月 14 日做了第 2 次指纹样本采集。FBI（Federal Bureau of Investigation）将 Davis 第 2 次采集的指纹及其他 23 名嫌疑人的指纹一并与犯罪行为人在侵入被害人家中在窗户上所留的指纹与掌纹进行了比对，发现 Davis 之指纹与案件现场所留指纹一致，后警方据此起诉 Davis 涉嫌抢劫罪。See Davis v. Mississippi , 384 U. S. 757 (1966).

温车内放置过久无人看管以及从犯罪嫌疑人辛普森身上采集的血样减少等为由指出血液样本获取程序不合法,而这一观点后来被法庭所采纳,该血液样本及其后的鉴定结论被法院排除。① 同样,人身检查获取的身体样本保管链间断,也将导其无效。②

但从实践情况来看,随着社会背景的不断变化,美国联邦最高法院在对非法收集到的身体样本的态度上也发生了变化。在上文所述 1952 年的 *Rochin v. California* 案中,美国联邦最高法院认为强迫灌入催吐剂催吐的做法"违法收集证据的情节过于暴力""冲击良心道德""严重侵害人权",因此排除了以此所得之证据。当时,美国联邦最高法院也借助于该案使得非法证据排除法则在各州的刑事审判中得到适用。而在 1966 年的 *Schmerber v. California*③ 案中,美国联邦最高法院的态度却发生变化,其在该案裁决指出:"附带抽血检验可有效率地测出被告有无酒精反应,且其实际上对于被告并不会造成任何的危险和痛苦,而被告的呼吸中含有酒精的味道也清楚地暗示被告的血液内必定含有酒精,而警察是因为在车祸现场且需将被告迅速送往医院,其没有时间向法院申请令状,因此警察附带抽血检验行为合法,所获证据不应予以排除。"此后,在 1985 年的 *Winston v. Lee*④ 案中,美国

---

① 林达著:《历史深处的忧虑——近距离看美国之一》,北京:三联出版社,1997 年版,第 232 页。
② [美] 华尔兹著:《刑事证据大全》,何家弘译,北京:中国人民公安大学出版社,1993 年版,第 365-431 页。
③ Schmerber v. California, 384 U.S. 757 (1966).
④ Winston v. Lee, 470. U.S. 753 (1985).

联邦最高法院又表明了对人身检查的基本态度,即人身检查的合理性取决于个案的权衡,也即权衡各种不同利益之间的重要性,而其中既包括个人隐私权、身体完整权和人身安全的保障,又包括政府在追诉犯罪时的公共利益,而衡量人身检查资料是否有必要排除时需要结合上述因素综合判断。

笔者在查阅了大量资料之后发现,20世纪90年代以后,与警察非法人身检查有关的案例在美国比较少。警方在试图取得被告身体样本之前,往往都会通过法官签发相关的搜查令状,即使特殊情况下实施的无令状检查也能很容易满足法律的相关规定[①],因此美国实务上目前似乎是很少发生排除人身检查资料证据能力的情况。此外,美国最高法院关于搜查和扣押理论极为复杂、琐碎,正如美国最高法院前任大法官斯图尔特在退休前将美国最高法院搜查、扣押理论描述为"和在任何一个法学理论领域一样的,对规则、例外和精细理论的复杂描述",然而,"回头看,排除规则似乎有点偷工减料——就像一个过山车的轨道是在过山车运行的过程中修筑的一样。每一个新的一截轨道都是匆忙安装的,与先前轨道的衔接也不完美,仅仅是及时阻止过山车摧毁,但是没有时间测量前面的弯度和坡度,或者预先考虑前面必然存在的转弯。事后来看,当然有可能批评关于排除规则的判决意见,因为其对先前判决的错误适用或者错误解释,以及因为未能

---

① 美国通过判例确认了紧急情形下无令状人身检查的合宪性,规定了构成此种情形的三个要件,即(1)警察有相当理由相信证据存在;(2)附随于合法逮捕之后且情况紧急来不及申请搜查令状;(3)实施手段须合理。参见Schmerber v. California, 384 U. S. 757 (1966)。

考虑一个特定的决定将对法律未来发展产生影响。"① 因此,很难系统了解美国在对待非法获取的人身检查资料上的稳定态度和立场。

在德国,对于非法 DNA 采集所获取的证据资料也是采取否定态度,但其与英美法系非法证据排除规则理论有所不同,德国所形成的是一套具有特色的证据禁止理论。德国的证据排除理论是以"证据禁止"概念为出发点,其包含"证据取得禁止"与"证据使用禁止"两个方面:前者乃证据取得合不合法的问题;后者则是证据能不能使用(即有无证据能力)的问题,二者之间并无"等号"关系,也即非法取得的证据未必不能使用,其仍须依证据使用禁止理论判断其证据能力之有无。② 以证据之取得是否违反"证据取得禁止"规定为标准,德国法上的证据使用禁止理论可分为两种类型:"非自主性之证据使用禁止"和"自主性之证据使用禁止"。"非自主性之证据使用禁止"主要是就国家侦查机关违反证据取得禁止规定是否会产生禁止法院使用该违法取得之证据之问题而言,如果有禁止使用之效果,因该效果是"依附于"违法取证而来,因此又称为"依附性使用禁止"。而"自主性之证据使用禁止"是另一条与依附性禁止论相平行发展的理论,它是指国家机关取得证据过程并未违法,但基

---

① 参见〔美〕克雷格·布拉德利著:《刑事诉讼革命的失败》,郑旭译,北京大学出版社,2009 年版,第 51 页。

② 林钰雄著:《刑事诉讼法》(上册),中国人民大学,2005 年版,第 432 页。

第三章　DNA证据的形成与公民权利保障

于宪法上更高价值、目的之维护，法院亦会禁止使用该证据。[①]"非自主性使用禁止"主要价值在于抑制侦查机关滥用侦查，而至于何种违法取证行为能够产生使用禁止之效果？标准何在？则是证据禁止理论的核心问题。关于该问题的探讨，主要有以下三种代表性理论，即"权利领域论""违反法律目的论"和"权衡论"。[②] 权衡理论出现后，成为德国法院在判断一项证据是否得以禁止的重要依据。受其影响，德国对非法取证所获取之证据资料也形成了相对禁止和绝对禁止两种情形的区分。

从德国实务之中的情况来看，在以下情形下所取得的DNA资料虽然符合证据取得禁止的条件，但是并不完全否定其证据能力：（1）违反管辖权的DNA采集，即检查的命令由没有管辖权的法官做出；（2）违反令状原则的采集，即在没有足够理由的情况下认定为有迟延危险，而直接由检察官或其辅助机关实施的采样行为；（3）违反告知义务，即未告知被告有拒绝配合的权利，而在被告同意下的采集；（4）刻意情形下所实施的不合理或不适宜的DNA采样。上述几种情

[①] 林钰雄著：《刑事诉讼法》（上册），中国人民大学，2005年版，第431页。

[②] "权利领域理论"由德国联邦最高法院在1951年的"拒绝证言权案"中所提出，主要是以公民的重要权利是否受到不当侦查行为侵犯为标准来判断；"规范保护目的理论"是由违反讯问被告之告知义务规定应否招致证据使用禁止之案例而生，认为违反法规而取得的证据能否使用取决于该项被违反法律的立法目的，只有在取证过程中侵害了立法目的，而且如果使用该行为所取得的证据会加大对法律目的的破坏时，证据才被禁止使用；"权衡论"指任何违反取证规定的行为，都需要个案衡量，权衡国家追诉利益与个体权利保护之必要性。本部分内容参见林钰雄著：《刑事诉讼法》（上册），中国人民大学，2005年版，第436-439页。

形所取得的 DNA 资料,虽然是违法取得,原则上应当排除,但是基于权衡原则的考虑,当这些人身检查的资料对案件事实认定"至关重要"时,这些资料及其分析结果仍然可以作为法官认定事实的基础。[1] 而以下两种情形下所取得的人身检查资料,在德国则属于绝对禁止,不能成为法官认定事实的基础:(1)没有法官、检察官、辅助机关命令的强制采样;(2)刻意情形下实施的不合理或不适宜的采样。这两种情形下之所以会产生绝对禁止的法律效果,其原因在于这两种行为的侵权性相对较强。强制性人身检查属于一种严重侵犯公民基本权利的侦查行为,其原则上只能根据法官的命令进行,而只有在紧急情形下,检察官及其辅助机关才能命令实施,除此之外,任何机关不得命令实施强制采样,这也是对公民基本权利保护的一个底限。[2]

综合来看,各国并未建立起一套对于 DNA 证据独特的证据排除规则理论,而是依据传统的证据排除理论去衡量是否需要对非法取得的 DNA 证据进行排除。究其原因,是在于任何一个国家在面对新型侦查行为、新型证据时,其思考的切入点都是从原有的诉讼模式和诉讼传统中发展出来的理念与构想,而也正是通过这一套构想,形成了该国设置救济机制的基本思路。

---

[1] 参见许恒达著:《科学证据的后设反思——以刑事程序上的 DNA 证据为例》,台湾大学硕士论文,2002 年 7 月,第 141 – 142 页。

[2] 参见许恒达著:《科学证据的后设反思——以刑事程序上的 DNA 证据为例》,台湾大学硕士论文,2002 年 7 月,第 142 – 143 页。

第四章　DNA 样本采集及其程序构建

在 DNA 证据的运用过程中，对人体生物信息载体——人体 DNA 样本的采集无疑是一种非常特殊的侦查行为，由于 DNA 采样是直接针对人的身体所实施，因而它对公民人身自由权、身体权、隐私权等权利所造成的潜在威胁又比其他侦查行为更为明显。此外，由于人体 DNA 样本的特殊性，采集过程中哪怕是很细微的失误也将影响整个案件事实的认定，放纵犯罪与殃及无辜都是由于 DNA 样本采集程序缺乏正当性所带来的司法恶果。DNA 样本的采集既关乎 DNA 证据的形成，又关乎事实认定的准确性，因此可以说它是 DNA 证据运用中的核心问题。为了全面认识 DNA 采样权，本书在此将进行专门分析。

第一节　DNA 采样权的法理解读

一、DNA 采样权的法律属性

从基本属性上看，侦查行为可以分为强制侦查行为和任意侦查行为两种类型,对其区分之意义在于法律对二者在适用原则、适用条件、程序、批准权限上皆有不同。界定一项侦查行为究竟是任意侦查还是强制侦查之原因在于不仅是该行为本身的性质需要明确,而更重要的是不同的归类则享受不同的"司法待遇":如果属于强制侦查措施,其适用要受到严格规制(如大多数国家就普遍要求强制侦查手段的使用必须符合比例原则、法定原则和司法审查原则,把强制侦查的力度和范围控制在必要的最低限度以内)①,这种限制无疑在一定程度上会削弱侦查机关的侦查权力,但公民的基本权益可以得到有效的保障;如果属于任意侦查行为,则侦查机关无需特别授权就可自我实施,便利犯罪侦查,但公民基本权利的保障力度就要削弱。因此,对DNA采样基础属性的分析、厘定不仅是理论上的需要,更是关涉司法实践中打击犯罪和保障公民基本权利二者之间的平衡和取舍问题,因此其具有理论和实践的双重意义。

  DNA采样在表面上带有鲜明的强制侦查行为特征。首先,在DNA采样实施过程中,被检查者的身体状况、生活习惯均暴露无遗,如呼气、指纹、血液、DNA、尿液、基因、声纹、容貌等资料,无一不属于个人隐私权的保护领域,而任何一项DNA采样措施都会构成对个人隐私领域的侵犯;其次,DNA采样一般须留置被检查人,某种程度上也就限制了被检查人的人身自由;最后,采集唾液、血液、毛发、分泌物、排泄物、尿液以及其他出自或者附着于身体之物等的

---

① 参见孙长永:"强制侦查的法律控制与司法审查",载《现代法学》,2005年第5期。

DNA采样还会伤及被检查人的人格尊严,开刀、抽取脊髓等手术往往还会牵扯到被处分人的身体完整权和健康权,而这些可能涉及的权利均属基本人权范畴。① 因此,从表面特征来看,DNA采样毫无疑问具有鲜明的强制侦查的特征。正如有学者所提出,"身体检查事实上会造成对'人'的基本权利的限制,尤其是被滥用时,因此其属于干预基本人权的强制措施。"②

但笔者认为,若将DNA采样笼统地归入强制侦查行为也失之片面,因为就对人权的侵害程度而言,一些普通采样措施,如经过被检查人同意而实施的采集毛发、唾液、口腔拭子等,实际上对被检查人权利影响极小。将其一概视为强制性侦查行为,设置严格的程序限制,不仅不利于刑事案件的侦查,也对公民权利保障产生不了多大实质作用。因此,从"强制性侵权"角度来看,DNA采样实际上兼具强制与任意的双重性质:当提取毛发、唾液等"非侵入式采样"时,由于对被检查人基本权利侵害程度较低,应当认定为任意侦查行为,即无需采取设置较为严格的法律程序及遵循令状原则的要求;当采用强制抽血等对公民基本权利侵害较大的措施时,由于对公民基本权利的侵害程度较大,则应当认定为强制性侦查行为,对其实施提出更高要求。

当然,判断DNA采样的行为属性也需要结合"个人意

---

① 杨雄:"刑事身体检查制度的法理分析",《中国刑事法杂志》,2005年第2期,第78页。
② 林钰雄著:《干预处分与刑事证据》,元照出版公司,2008年版,第59页。

愿标准"来进行综合判定，笔者认为，对于侵权程度较轻的DNA采样行为，被采样人同意与否并不会改变它任意侦查的属性，按照任意侦查的相关规定实施即可。而在实施被检查人身体损害较大的强制侦查情形下，被采样人的同意是否会免除侦查机关的程序要求？德国学者在此问题上认为："身体检查处分，原则上得经由同意而免除干预的授权，亦即，被告若自愿性同意进行身体检查者，除非所涉及的是特别危险的检查或违反公序良俗，否则，原则上国家机关可以不用依照法定的干预程序来进行身体检查处分。"[1] 这种观点指出了个人自愿放弃权利对侦查机关程序义务的卸除，但这种同意是否就会改变此种 DNA 采样的强制侦查属性？笔者认为被告人的同意在一般情况下是可以改变其强制侦查行为的属性，但是对于被检查人侵害较大的 DNA 采样措施，并不会因为被检查人的同意而改变其属性，即使被告人同意进行此种方式的 DNA 采样，侦查机关仍需承担法律对强制侦查所要求的程序义务。如德国在立法中即体现了这种精神，对于一般的 DNA 采样措施，被检查人的同意可以免除侦查机关实施该行为需要接受司法审查的程序要求，但是对公民权利侵害较大的 DNA 采样措施（如抽取血液样本）的使用则采用"绝对法官保留原则"，即不因被检查人同意而免除对侦查机关的司法审查。

总之，将 DNA 采样的性质界定为兼具强制侦查与任意侦查双重属性的意义在于为 DNA 采样程序设置的双重性提供理

---

[1] 转引自林钰雄著：《干预处分与刑事证据》，元照出版公司，2008年版，第89页。

论解释：对于公民权利影响较小或者被检查人同意的一般DNA采样行为，一般无须设置过多程序限制，由侦查机关根据侦查便利原则，自行启动即可；对于公民权利影响较大或者违背被采样人意愿实施的DNA采样行为，则需要在程序上进行严格限制，在其启动、审批、实施等各个环节都应在法律上作出明确规定，以防止其被滥用。

二、DNA采样的类型

由于DNA采样涉及范围较广，不同的DNA采样措施在法律授权、实施对象、实施方法上又存在不同，因此有必要对其进行类型化分析。依据不同标准，DNA采样主要分为以下种类：

（一）对被追诉者的采样与对第三人的采样

这是以实施DNA采样的对象为标准进行的划分。被追诉者也即刑事诉讼之追诉对象，包括犯罪嫌疑人和被告人；第三人的范围则比较宽泛，按照林钰雄博士的解释，只要是被追诉者以外的人，无论性别、年龄乃至于国籍，都会成为潜在的第三人。[1] 无论是被追诉人和第三人，在刑事案件侦查中都有可能成为DNA采样的对象，但是由于二者身份的不同，大多数国家和地区都在法律中明确规定了对二者实施DNA采样的不同程序要求。在立法中对其进行区分之法理根据在于：被追诉者是国家刑罚权行使的对象，对刑事诉讼措

---

[1] 林钰雄著：《干预处分与刑事证据》，元照出版公司，2008年版，第105页。

施的使用具有忍受义务，国家可以依法对其强制进行；但就被追诉者之外的第三人而言，因其不是追诉的对象，对其进行 DNA 采样时的实施条件、证据标准自然有所不同。

《德国刑事诉讼法》第 81 条 a 第 1、2、3 项对被告（包括犯罪嫌疑人）的 DNA 采样做出了比较详细的规定，而在第 81 条 c 第 1、2、3 项又对第三人的 DNA 采样做出了规定，二者在授权基础、实施条件方面存在较多不同。而《德国刑事诉讼法》第 81 条 c 第 1 项又规定："非被告而可为证人者，仅于真实发现之必要而必须确定其身体上之一定痕迹，或犯罪行为所生之结果时，无须获得其同意而予以采样"；第 2 项规定："其他被告以外之人，于确定其家世及验血，若对其健康并无不利，且对于真实之发现有其必要时，无须获得其同意而予以采样。采样与采血仅限医师始得为之"。从上述规定可知：对于被追诉人实施 DNA 采样的启动未做出过多限制，且在被追诉人拒绝的情形下，可以实施强制采样；对于第三人虽然可以实施强制采样，但是如果要对第三人实施 DNA 采样，必须有一定的证据支撑"发现真实之必要"，且符合"证人原则"和"痕迹原则"的要求才能进行。[①]

"证人原则"是指第三人必须是可预期为证人的人，即对于被追诉者以外的人，只有当其有可能作为证人时，才可以违反其意思，对其进行采样，并且只要其有接受讯问的能力，即可以作为证人。但是这一原则本身存在一定的局限性，如果仅仅依照这个原则，纵使在婴儿、小孩、严重精神错乱

---

① ［德］克劳思·罗科信著：《刑事诉讼法》（第 24 版），吴丽琪译，法律出版社，2003 年版，第 322 页。

第四章 DNA样本采集及其程序构建

者、无能力陈述的被害人身上发现犯罪痕迹，也难以对其进行采样，因为上述人员在法律上是不具有作证能力的。对证人的DNA采样之所以不需要其同意就可以实施，这种忍受义务是源于德国基本法第2条第2项"个人的自由不可侵犯，除非有法律的规定"。我国台湾学者有人认为当第三人无正当理由拒绝DNA采样时，应该可以对其科以与证人相同的罚金，但该罚金的裁定与救济程序应使用证人无正当原因不到场的处罚和救济程序。但是，归根究底，证人原则主要的目的仅在于要求某种关联性，以免侦查机关为了澄清某个特定的犯罪事实而泛泛进行一连串的刑事DNA采样措施，也就是为了避免DNA采样措施的牵连范围过广。

"痕迹原则"又称"迹证原则"，它是指对于潜在可能的证人，只有"当在其身上发现有可罚性行为的特定痕迹或结果时"，方能对其采样。此处之"痕迹"必须是可罚性行为直接引起的身体上的变化，并且可能经过采样（刺伤、弹着点、血迹、残留的精液、指甲下的皮肤残余及其他）而推论出是行为人实施。例如，该第三人身上有明显的伤痕。换言之，DNA采样只能对犯罪后留下的痕迹与遗留在证人身上的犯罪后果实施，犯罪行为结果是经过行为导致被害人身体产生法律所不容许的改变（如皮肤受损、牙齿脱落等）。所谓"足够的理由"，则是指必须有一些明确的概念或依据足以认定存在若干与发现真相有关的痕迹及犯罪行为结果，而不应允许对有痕迹者进行不相关的采样。由上不难看出，德国之所以这样规定，其目的在于努力缩小受采样第三人的范围，避免漫无目的的"撒网式"采样。

我国台湾地区学者林钰雄则认为德国立法中的"证人原则"存在不合理之处，其理由在于：一方面是"证人原则"过度扩张，将一些无关的第三人（如非被害的目击证人）列入潜在的受采样的第三人范围，使 DNA 采样对象的范围过大；另一方面又必须通过扩张解释，才能将诸如受虐待婴儿等无证人能力的人包括进来，因此"证人原则"之规定不但难以有效缩小第三人的范围，而且也不利于 DNA 采样措施的实施。在此分析基础上，林钰雄博士提出，在具有"实施必要性"的前提下，只要符合"痕迹原则"的要求即可实施 DNA 采样，这样就能够以犯罪痕迹或犯罪结果作为选择要件，从而将潜在的受采样人的范围限制在合理的范围内。[①]

笔者认为，单纯将"痕迹原则"作为对第三人发动 DNA 采样的限制性原则，而将"证人原则"放弃的观点似乎缺乏实践可操作性。若根据此观点，必须发现身上有明显"痕迹"后才能对第三人实施 DNA 采样，但从实践中的大多数案件来看，通常都没有特定依据证明某人身上有犯罪痕迹，因此"痕迹原则"实际上难以被有效落实，而真正能够起到这种作用的是"证人原则"，实践中往往需要通过贯彻此原则来体现被采样人与案件的关联性。但是，考虑到"证人原

---

① 但是林钰雄博士也指出两种情形下的例外：第一种是血缘检测，例如发现一具他杀的尸体，有证据显示被害人可能是离家多年的甲，这就需要对甲的父母进行 DNA 的血缘检测；第二种是对第三人进行抽血检测以确认其身体本身状态而影响犯罪成立要件判断的情形，例如交通事故受害人的身体状态、强奸案件中的受害人的身心状态等。参见林钰雄著：《干预处分与刑事证据》，元照出版公司，2008 年版，第 112－118 页。

则"有可能带来的采样范围过宽的缺陷,"痕迹原则"也是必不可少的,因此笔者认为德国这种规定还是具有可借鉴性。我国目前由于缺乏对被追诉人之 DNA 采样与第三人之 DNA 采样的区别规定,因此造成实践中的一系列问题:既难以避免大规模"撒网采验"的频繁启动,又难以给侦查人员对犯罪嫌疑人、被害人之外的其他人员实施 DNA 采样提供授权依据,因此应当予以改革。

(二) 私密性采样与非私密性采样

这是以 DNA 采样的部位以及采集样本的性质不同而进行的划分。① 私密性采样是指对精液、血液、阴毛、尿液等蕴含特定生物信息②的样本的提取以及人身体的私密部位(如生殖器)的采样;非私密性采样则是指对头发、指纹、脚印

---

① 我国也有学者提出私密性采样与非私密性采样的划分是以对隐私权侵犯的程度为标准来进行的(参见瓮怡洁:"国外的身体采样制度",载《西南政法大学学报》,2004 年第 3 期;宋远升:"强制采样身体之思索与权衡",载《中国刑事法杂志》,2006 年第 6 期),但笔者认为,对隐私权的侵犯程度是一个不易把握的标准,隐私权的概念的内涵及外延在不同时期、不同国家之理解都有差异,侵犯程度在具体操作中更加难以判断,因而以此为标准难以体现二者的实质区别。

② 根据我国台湾学者的分类,隐私权包括以下几种:(1)信息隐私权(Information Privacy),即个人可以自行决定何时以怎样的方式,将哪些个人信息公开给谁;(2)身体隐私权(Physical Privacy),即个人有排除他人接近个人身体或侵入个人生活空间的权利;(3)自主决定隐私权(Decisional Privacy),即个人不受政府或第三人干涉个人抉择的权利,例如个人生活型态、繁衍后代的决定等;(4)具体财产价值的隐私权(Proprietary Privacy),即个人对于隐私权中人格权利益的经济利用及所有权;(5)空间隐私,即个人生活空间不受国家侵入的权利。人的某些身体样本中蕴含着个人身体状况、家庭遗传病史等信息,而这类信息毫无疑问属于隐私权的保护范畴。参见林子仪:"基因信息与基因隐私权",翁岳生教授祝寿论文集编辑委员会汇编:《当代公法新论——翁岳生教授七秩诞辰祝寿论文集》,元照出版有限公司,2002 年版,第 701 - 702 页。

等一般性人体生物样本的采集以及对非私密部位的（如胳膊、肩膀）采样。之所以存在这种区分的原因在于：私密性采样往往涉及对公民隐私领域的侵犯且有可能触发羞耻感，因此各国通常都对私密性采样的实施提出了特别的程序要求，例如普遍要求对于妇女私密部位的采样只能由女性或医生来执行。此外，由于人体生物样本之中所蕴含信息的性质不同，一些国家也通过划分人体生物样本性质的方式来体现两种采样的区别，这种区分方式以英国为代表。

在1984年《英国警察与刑事证据法》中详细地区分了对私密性人体生物样本（Intimate Sample）和非私密性人体生物样本（Non-intimate Sample）的采集程序。根据该法第65条的规定，"非私密性样本"的范围包括除阴毛外的毛发样品、从指甲或指甲下提取的样品、从人的体腔之外的任何其他身体部分提取的液体以及从活人身上除手之外的任何其他部位提取的类似印迹等；"私密性样本"是指血液、精液或任何其他组织液、尿液、唾液或阴毛及从人身体腔内提取的体液等样本①，二者适用条件上存在较大差异。对于非私密性采样，法律规定以取得被采样人同意为原则，强制采样

---

① 根据1994年《英国刑事审判与公共秩序法》第58条的修正，曾经被视为私密性样本的唾液以及从人的口腔中获取的物品被重新界定为非私密性样本，与此同时还将牙印新增为私密性样本。依据新法之规定，口腔采样由私密性采样改为非私密性采样，这意味着通过对口腔采样而获得之唾液抹片、口腔棉棒，将不再需要获得被采样人的同意而可因合理怀疑的理由而直接进行采样，也即警察可对嫌疑人进行口腔采样而不需要获得同意，也不需要详加解释。参见中国政法大学刑事法律研究中心组织编译：《英国刑事诉讼法》（选编），北京：中国政法大学出版社，2001年版，第307-312页。

为例外，强制采样必须具备人身自由受限制、特定罪名[1]、警司级警官批准之要件；而私密性采样则必须以被采样人同意为要件，即除了人身自由受限制、特定罪名、警司级警官批准要件外，还必须取得被采样人的书面同意才能进行。然而，未获得被采样人书面同意不得进行强制性私密性采样的规定在英国实务界引发了广泛的质疑，认为这种规定限制了警察机关的侦查权，难以保障打击犯罪的需要。[2] 无疑，这条规定的立法初衷是基于私密性采样涉及人权侵害过深的担忧，而由警察机关自行做出决定本身就存在权利被滥用的风险，因此需要做出如此严格之规范。但法律同时也规定，如果被告无正当理由而拒绝做出对其进行DNA采样的适当同意，法官在决定是否将其提交审判以及法院或陪审团在决定他是否构成被指控的犯罪时，可以从其拒绝行为中作出对其不利的推断。[3]

（三）调查性采样与建库性采样

这是以DNA采样的目的为标准进行的划分。为了达到相

---

[1] 1994年《英国刑事审判与公共秩序法》将1984年《英国警察与刑事证据法》规定的"严重可捕罪"（Serious Arrestable Offence）更改为"可记录罪"（Recordable Offence），从而较大地扩展了可进行DNA采样的案件类型，被采样人的范围也随之大规模扩大。

[2] Carole McCartney, "The DNA Expansion Programme and Criminal Investigation", 46 *British Journal of Criminology* 175, 179 (2006).

[3] 根据《1984年警察与刑事证据法执行守则D》的规定，警方在提取体内样本时，应对接受采样者提出如下警告："你不必（提供这个样本）（允许使用这个药签或印模），但我必须要警告你的是，如果你无正当理由地拒绝，到审判时你的拒绝将对你的辩护不利。"参见中国政法大学刑事法律研究中心组织编译：《英国刑事诉讼法》（选编），中国政法大学出版社，2001年版，第478 - 479页。

同的目的，可以实施不同种类的 DNA 采样手段，同样，实施相同的 DNA 采样手段可能是为了不同的诉讼目的。① 个案调查性采样是在具体案件中为确定被追诉人和第三人的身份而进行的 DNA 采样，采样结果只对本次案件的处理有效，案件终结后，国家需对已采集到的人体生物样本及时销毁。建库性采样是指为了建立相关生物信息库而进行的 DNA 采样，比如大范围的提取 DNA 样本和指纹样本。在具体案件中依法进行的 DNA 采样之正当性毫无疑问，但是出于建库目的而进行的 DNA 采样正当性问题却是一个争论较大的问题：一方面，通过建立完善的国家 DNA 生物数据资讯库，对于刑事案件的侦破起着非常重要的作用；但另一方面，大规模地采集并保留人体生物样本又会给公民尤其是无罪公民基本权利造成侵害。

客观而言，构建一个覆盖广、总量大的生物信息库体系对一国刑事案件的侦查具有极大的作用，能够显著提升侦查效率。因此，在这种侦查利益的推动下，尽管建库性 DNA 采样因对普通公民的权利造成极大威胁而饱受争议，但许多国家仍基于打击犯罪的目的而积极着力于构建本国的生物信息库，随之而来的以提取公民个人生物信息为目的而进行的采样行为自然也就难以避免被频繁使用。这种矛盾毫无疑问也是人权保障与打击犯罪之间冲突的一种体现，因此也成为各国刑事司法领域近年来面临的一个新问题，许多国家也在积极寻求解决路径。以德国为例，德国在 1997 年和 1998 年分

---

① 杨雄：" 刑事身体采样制度的法理分析 "，载《中国刑事法杂志》，2005 年第 2 期。

别在刑事诉讼法中新增三个条款,即 DNA 采样的授权基础《德国刑事诉讼法》第 81 条 e、DNA 采样之命令与实施《德国刑事诉讼法》第 81 条 f、供未来刑事程序用途所进行之 DNA 身份识别《德国刑事诉讼法》第 81 条 g。这些条款除了对 DNA 的使用和分析程序详加规定外,更是限定了对"供未来刑事程序用途所进行之 DNA 身份识别"的实施程序,以此来规范对具体个案调查用途之外的 DNA 采样行为。①

笔者认为 DNA 数据库对于刑事案件侦查发挥着不可取代的重要作用,也支持建立对于有犯罪前科人员的生物信息有限留存机制,但是笔者认为仅以构建 DNA 数据库为目的而进行的 DNA 采样行为缺乏法律依据。究其性质而言,DNA 采样是一种刑事诉讼措施,其实施对象具有特定性,即必须与案件具有某种特殊关联,对其实施 DNA 采样对于刑事案件的侦查存在必要性时方能实施,其启动、实施等具体程序也必须严格遵守程序法定原则的要求。若仅仅基于某种特殊利益的驱动就对普通公民实施 DNA 采样措施,无论其手段强弱,皆是对公民合法权益的不当侵犯,也有违无罪推定原则的基本要求,因此应当对于这种建库性采样之弊端充分重视,尽量避免这种采样措施的实施。对此,笔者下文将有详述。

三、DNA 采样与相关制度的关系

由于 DNA 采样和搜查、勘验以及鉴定在实施方式、目的

---

① 参见朱富美著:《科学鉴定与刑事侦查》,中国民主法制出版社,2006年版,第279页。

上存在一定竞合关系，因此若将DNA采样界定为一种独立的侦查行为，那么就有必要对它和相关措施之关系进行分析，以便清晰把握其边界。

（一）DNA采样与人身检查

人身检查制度是我国刑事诉讼法明确规定的侦查措施，在1996年《刑事诉讼法》中，人身检查制度并未明确包含DNA取样在内的人体取样措施，但实践中侦查机关进行DNA采样的权力依据却仍是人身检查权。2012年新修订的《刑事诉讼法》则明确将采样类措施明确为人身检查的方式之一，由此刑事DNA取样也获得了明确的法律依据。因此也可以说，DNA采样是人身检查的一种方式，但人身检查除了人体生物样本提取措施以外，还包含其他方式，如体表检查（查看纹身、身体特征）、提取指纹和脚印等。

（二）DNA采样与人身搜查

所谓搜查，是指"侦查机关为发现犯罪证据、查获犯罪人，对嫌疑人以及可能隐藏犯罪证据或嫌疑人的其他人的身体、物品和其他有关场所进行搜索、查看的一种侦查行为"[①]。根据搜查对象的不同，搜查可以分为对人搜查和对物搜查，人身搜查是指为了从个体的身上或随身所着衣物的口袋、夹缝内获取有关证据或物件而实施的搜查措施。我国刑事诉讼法将DNA采样与搜查明确规定为两种彼此独立的侦查行为，但是由于人身搜查的指向对象为人身，与其联系在一

---

① 孙长永著：《侦查程序与人权：比较法考察》，中国方正出版社，2000年版，第93页。

起的是个体的人身自由权、人格权、隐私权、健康权等与人的身体有着密切关系的权利,而这又与 DNA 采样存在许多相似之处,因此使得 DNA 采样与人身搜查易于混淆,因此有必要在理论上对两者之关系进行探讨。

从国外立法情况来看,对于 DNA 采样和人身搜查的关系在不同的国家和地区存在不同的理解。如上所述,在美国,人身搜查与人体采样是一个种属概念,人体采样是人身搜查的一种特殊形态,但从现有收集资料情况来看,除美国外,其他大多数国家和地区的立法都对人体采样与人身搜查进行了区别,例如英国、德国、日本以及我国台湾地区,在立法中都对人体采样与人身搜查分别进行了规定。但是由于人体采样与人身搜查常存在竞合之处,因此常常难以对两者加以区别。国内外理论界在论及人体采样与人身搜查之区别时,所采取的区分依据及侧重点不同,但概括来看,大都是依据"目的"以及"实施方式"两种方式进行区别。

以"目的"为标准的区分方式强调对人身进行搜查的目的在于寻找藏匿在身体表面、随身衣物(含外衣、内衣)或身体自然开口(含口腔、耳穴、肛门在内)的证物,通常该证物属于身体之外的"异物",并不属于身体自然状态的一部分,而且实施上述搜查不需要动用医疗辅助器材;而人体采样则是以身体本身的物理性质、状态作为证据目的的刑事诉讼措施,也就是采集或检验人体生物样本,以便判别、推论要件该当性、责任能力等相关事实的刑事措施。我国台湾学者林钰雄在指出人体采样与人身搜查的区别时即是以这种标准进行界定,他指出:人身搜查是指为找寻身体表面(含口腔、耳穴在内之身体自然腔穴）或随身所藏匿（含身着衣物之里外）的证据而实施的措施；而人体采样则是指以身体本身之物理性质、状态作为证据目的的采集、检验处分，如检测体内酒精浓度所进行的抽血措施。[1] 而以"实施方式"为标准进行的区别方式则认为以身体为对象的搜查只能限于人的身体表面，所有进入人身"体内"的措施，尤其是必须以医疗器材辅助才能进行的措施，比如抽血、抽取体液等，都属于人体采样而非搜查，德国理论界通说即采用这种观点。例如德国学者克劳斯·罗科信指出，人身搜查是指对身体的表面或在身体的自然状态下的凹窝及开口进行检查；人体采样除上层含义外，还包含着对身体之特定程度下之侵害，例如为确认血液中酒精含量、腰部穿刺术等所做的抽血。[2] 但这种观点主要考虑了人体采样与搜查所侵犯公民基本权利的种类、方式以及范围的不同，对于实施目的并未考虑。

（三）DNA 采样与勘验[3]

DNA 采样与勘验在许多相似之处，如果将勘验定义为侦查人员通过五官的作用，感知场所、物品或人身的存在、形状、性质的侦查行为，那么对人身状态的查看无疑就属于勘

---

[1] 林钰雄著：《干预处分与刑事证据》，元照出版公司，2008 年版，第 21 页。

[2] ［德］克劳斯·罗科信著：《刑事诉讼法》（第 24 版），吴丽琪译，法律出版社，2003 年版，第 317 页。

[3] 需要特别说明的是：由于我国现行《刑事诉讼法》将 DNA 采样作为与勘验、鉴定相并列的一种独立侦查行为，因此在此前提下讨论 DNA 采样与勘验和鉴定界限与区别具有现实意义。但若置于将 DNA 采样分散规定于勘验、鉴定之中的国家和地区（如日本和我国台湾地区）讨论，由于其对于 DNA 采样性质的理解与我国有所差异，因而本书在此所得出之结论对其可能未必适用。

验的种类，这也是在根据实施方式为标准对DNA采样进行定性的国家和地区（如日本和我国台湾地区）将DNA采样作为勘验行为的原因所在。但是如果将DNA采样规定为一种独立的侦查行为，那么对二者进行区分就非常有必要。

在我国，勘验和DNA采样的法律地位和性质是相同的，但适用对象却有所区别。我国大多数学者认为勘验的对象是与犯罪有关的场所、物品、尸体等在性质上属于"死"的事物，检查的对象是与案件有关的"活人"的身体。[1] 笔者赞同大多数学者对于勘验和检查内涵的界定方式，理由在于：犯罪有关的场所、物品、尸体，在性质上都属于"死"的事物，本身不能作为具体权利义务的主体，一般只能作为权利义务的客体存在。在勘验过程中，主要是对于与犯罪有关的场所、物品、尸体有权利义务的相对人合法权利的保护，三类对象在这点上具有相同的性质。人身则不同，既是权利义务的主体，也是权利义务的客体，只要实施DNA采样，必然就会侵犯到相对人的人身权及由此衍生出的其他合法权利，因此在程序设置和实施方法上，DNA采样的使用必须更为谨慎，将其单独规定更有利于对被检查人权利的保护。因此，DNA采样与勘验应为不同侦查种类，彼此具有独立性。

（四）DNA采样与鉴定

DNA采样与鉴定也有许多相似之处，由于人体生物样本采集之后往往需要经过鉴定程序，以鉴定结论作为证据方式，因此易模糊DNA采样与鉴定之间的界限。与上相同，若将

---

[1] 参见樊崇义主编：《证据法学》，法律出版社，2001年版，第164页。

DNA采样规定为独立的侦查行为,将它与鉴定进行区别就具有理论探讨的意义。

笔者认为,DNA采样和鉴定是彼此独立的两种侦查行为,二者存在明显区别:其一,二者实施目的不同。DNA采样的目的在于为鉴定等诉讼工作提供可对比性检材为目的;鉴定则是对已经收集到的证据进行检验核实,鉴定人只需要做出客观准确的鉴定结果,无需对案件作推理判断。其二,二者实施主体不同。因为鉴定程序所强调的是鉴定人的中立地位,它不仅适用于侦查阶段还适用于审判阶段,其实施主体具有中立性,并非是侦查人员;而DNA采样尽管在大多数情况下是由法医(医务工作者)执行,但对于是否实施DNA采样措施,仍然是以侦查人员是否建立了合理的怀疑或可能事由为根据来进行判断,强制力也来自侦查人员,医务人员也只能在侦查人员的指示下进行,不能脱离侦查人员的监督而独立实施,且参与检查工作的医务人员也不能成为独立的诉讼参与人。此外,根据回避原则,侦查人员和作为诉讼参与人的鉴定人又是不能兼容的两种角色。由此可见,鉴定和DNA采样是不同的彼此独立的刑事诉讼措施,采用DNA采样获取人体生物样本进行鉴定时,二者是一种目的与手段的关系,也即鉴定是目的,DNA采样是为了获取鉴定材料、达到鉴定目的的手段。DNA采样措施所包含的私权与公权的价值冲突主要体现在强制采样的正当性根据以及实施方式的适当性、必要性上,而非鉴定的具体模式和规则。因此DNA采样与鉴定存在明显区别。

综上可知,DNA采样是一种兼具强制侦查与任意侦查之双重属性的特殊侦查行为，其既有别于搜查，也有别于勘验和鉴定，具有明显的独立性特征。

第二节 我国DNA采样程序的运行现状及存在问题

一、我国DNA采样程序的运行现状

（一）DNA采样程序的启动

作为一种侦查行为，DNA采样程序如何启动？通过与侦查人员座谈交流，笔者发现在司法实践中存在这样一种情况：侦查人员启动DNA采集程序很少考虑"条件"，仅仅关注"目的"，而其目的不外乎可归结为：收集证据、查获嫌疑人。因此在实践中，侦查人员在决定是否DNA采样问题上拥有极大的自由裁量权，尽管他通常不会依据纯粹想象来决定进行血样（DNA样本的主要形式）采集，对一般刑事案件的血样采集，常需依靠案件类型、现场遗留证据情况、犯罪嫌疑人的交待、知情人的举报等因素来综合判断，但在特殊任务（如为DNA数据库采集样本）的压力下，血样采集启动的"必要性"就让位于完成任务的功利性目的了。以南京和广州为例：南京市公安局出台规定，对于"七类人"[①] 必须

---

① 所谓"七类人"，是指：人民法院审判定罪的罪犯，依法被劳动教养、收容教养的人员，依法被行政拘留或者因实施违反治安管理或者出入境管理行为被依法予以其他行政处罚的人员（被当场做出治安管理处罚的除外），依法被强制戒毒的人员，依法被收容教育的人员，依法被拘传、取保候审、监视居住、拘留或者逮捕的犯罪嫌疑人，依法被继续盘问的人员。

采集 DNA 样本,其他条件人员则"尽量采集",并且通过多种方式鼓励干警的采集热情,"市局还大力宣传、表彰因工作负责、采样及时而导致破案的基层民警,对凡因采集 DNA 突破大要案件的,市局都直接奖励到最初采集的民警。上述举措不仅强化了基层民警利用 DNA 数据库破案的意识,也较大调动了基层民警的采样积极性,在全局范围内形成了'多采多破案、破难案'的良好氛围"①。广州则在 2009 年 8 月开始对辖区内娱乐场所的从业人员全部进行照片、身份信息、指纹、DNA 和笔迹"五提取",而后再对没有违法犯罪前科的人员发放《娱乐服务场所从业资格证》,并持此证上岗。目前仅白云区下辖的棠景派出所就已对辖区内 118 间公共娱乐服务场所和特种行业的 4233 名从业人员进行了"五提取"。② 这种大规模的、几乎不需要理由的 DNA 样本采集行为,与其他国家或地区对人体采样的严格限制形成了鲜明对比。

这使得实践中产生了两种倾向:一种是只要有需要即可采集血样,无论为了具体案件侦查,还是仅仅为了为 DNA 数据库采集样本。比如《南方都市报》就报道了这样一个案例。

2008 年 11 月 21 日晚,住在广东省深圳市宝安 19 区的张先生和几个老乡正在家看 CBA 篮球赛时,二三十名

---

① 宋敏:"南京市 DNA 数据库的建设",载《中国刑事警察》,2008 年第 2 期。

② 王普:"广州娱乐场所从业者提取 DNA 后方可上岗",http://www.gd.chinanews.com.cn/,2015-8-8。

警察、巡防员还有保安员冲了进来,要求他们到派出所去一趟。张先生和几个老乡随警察步行六七分钟赶到了镇南派出所,被要求填写一个表格,并且被照相、抽血、资料录入及按指纹。由于被带到派出所的有几百人之多,张先生直到 22 日凌晨 4 时左右才回家,在派出所待了约 7 小时,整个过程中,警方既未告知理由,也未解释检查的目的。①

在上述案例中,不难看出,警方夜间大规模入室将被采样人带至派出所集中采集血样,既未告知任何理由,又未征求被采样人的同意,此情况下血样采集措施的使用显然过于随意。

另一种则表现为过于相信自己的经验判断,对于应当人体采样的对象不及时进行人体采样。如上所述,由于法律对哪些案件可以启动人体采样程序,哪些案件不需要启动人体采样程序缺乏规范,人体采样措施的采用是由侦查机关自行判断的,因此司法实践中存在着某些侦查机关轻视人体采样措施的使用,对应当进行人体采样的犯罪嫌疑人不及时采样检验,从而造成了不可弥补的后果。如震惊全国的杨新海系列杀人案就是一个血的教训,杨新海曾因盗窃、强奸被 2 次劳教、1 次判刑。2000 年出狱后,他连续在河南、安徽、河北和山东 4 省疯狂作案 25 起,杀死 67 人、伤 10 人、强奸 23 人,直到 2003 年 11 月才在河北沧州被抓获,作案时间跨度

---

① 刘春林:"在家看球赛,警察闯进来",《南方都市报》,2008 年 11 月 23 日。

长达3年。对此,北京市公安局法医检验鉴定中心刘雅诚教授就指出:

"杨新海并不是什么高智商的犯罪分子,基本上每次作案时都因受害者反抗留有血迹、毛发等物证,更不用说在强奸时留下的证据。如果公安机关在杨海新以前就建立他的DNA档案,而办案人员又能对犯罪现场证据及时准确地进行DNA分析,并且有全国联网的数据库,那么许多无辜者就会幸免于难。"[1] 这两种倾向都客观存在于我国司法实践中,笔者在调研中,一位长期从事侦查技术工作的法医一席话道出了其中的问题所在:"法律规定空白给侦查机关留下的空间过大,怎么把握何时该使用、何时不该使用?一句话,看主要领导重视不重视,领导重视,使用就比较多;反之,则能推就推。"仅以西部某市为例,2010年该市采集样本最多的一个区采集样本共1500多个,而最少的一个县则只采集了30多个,如此大的差异显然不是地域、技术等原因所能解释得了的。

(二) DNA 采样的对象

通过上网搜索,笔者发现,仅媒体公开报道的我国侦查机关利用"大范围抽血采验DNA"方法侦查的案件(1999~2013年间)就超过50起,涉及人员众多。而这种报道多是正面评价警方此方法的"神威"效果(未经报道的不成功案例估计也不在少数),笔者在此仅摘选几个案例。

---

[1] 转引自李虎军:"DNA 数据库:更有效地识别犯罪",《南方周末》,2004年12月3日。

第四章 DNA样本采集及其程序构建

1999年,浙江省余杭区连续发生多起强奸杀人案,持续时间达半年之久,当地群众一度非常恐慌。此案后来的顺利告破得益于人体采样措施的适当运用:警方在一名受害人的胸部提取到犯罪嫌疑人的牙齿咬痕、在现场提取到少量脚印和毛发,警方利用对周边地区近百人提取牙齿咬痕的方式圈定了重点对象,然后提取血液查验DNA的方式最终抓获"劫色杀手"——浙江省余杭市仓前镇通义村21岁的男青年李明,此案顺利告破[1];

2000年,黑龙江孙吴县一名12岁少女被强奸后勒死,经过一段时间的侦查,警方对该案束手无策。2005年该案出现转机,警方对案发现场周围符合作案条件300余中青年男性全部进行抽血检测DNA,后来终于抓获犯罪嫌疑人邢加友[2];

2008年4月至12月,黄石市街头先后发生10余起强奸、猥亵幼女案件,歹徒在傍晚跟踪独行小女孩,以帮助指路为由,将被害人诱骗至偏僻无人处施暴。受害者年龄在9~12岁之间。黄石警方成立20人侦破专班,专班民警在全市对10万余人抽取血液进行DNA鉴定,仅DNA排查一项就花费60余万元。2009年4月,终于发现其中有一份妇女的DNA与案犯现场遗留精液的DNA较为接近,经查,该妇女有三个儿子,其41岁的

---

[1] 参见张泽民著:《科学神探——来自警方实验室的报告》,中国人民公安大学出版社,2003年版,第224-228页。

[2] 黑龙江生活报:"五年后267份DNA检出杀人嫌犯",http://news.sohu.com/20051220/n241040580.shtml,2015-8-8。

儿子张某某，曾因抢劫、故意伤害、盗窃，分别被判5年、13年和3年有期徒刑，有重大嫌疑，而警方进行大规模抽取血液进行DNA排查时，该人此时正在接受劳教，因此当时并未直接抽取到他的DNA样本，后对该人抽取血液进行DNA鉴定后，发现其DNA与案发现场留下精液的DNA完全吻合。①

2008年6月15日，在辽宁省鞍山市千山区笔管堡村一窝头房外，一名12岁小女孩被人强奸后杀死。在缺乏侦查头绪的情况下，公安机关对笔管堡村16到60岁的近千名男性抽血排查，进行现场生物物证DNA比对，很快锁定该案系村民孙某所为。②

2013年10月下旬，由于山东省滨州市滨城区已发生了38起学生宿舍盗窃案，被盗电脑35台、手机20多部，涉及资产20余万元，并且"从侦查的情况看，不排除学生盗窃的嫌疑"，"尽快破案，排除学生间误会"，滨城区公安分局决定采取DNA采样的方式，找出犯罪嫌疑人。学校通知所有男生配合警方抽血："按照学校和公安局安排……所有男生参加DNA抽检备案，要求所有男生务必明天下午2：20在一教308门口集合，所有男生都参加，若不参加者将造成不必要的麻烦。"在采集过程中，学生们均被要求填写统一信息卡，内容包括姓

---

① 饶纯武："湖北男子强奸16名幼女警方通过母亲DNA找真凶"，http://news.sohu.com/200904281，2015-8-8。

② 马琳："凭一滴血破了5市'一号公案'"，载《辽沈晚报》，2009年9月2日，C14版。

名、年龄、身份证号和详细住址。这是一场有组织的集体行动,效率极高,从收到通知到采血完毕,山东滨州学院五千多名本科男生很快全部被采血验DNA。这个简单的过程也耗费不菲,2010年后,DNA鉴定的成本从200多元降低到100元以下,如此估算,采验五千多名学生的成本也在50万元左右。①

2013年11月中旬,湖北武汉某校一位女大学生身亡,法医鉴定为他杀。为方便寻找犯罪嫌疑人,警方要求附近的武汉大学珞珈学院、武汉城市职业学院、武汉工业职业技术学院和湖北银河信息技术学院等四所学校的数千名男性教师和学生"配合"抽血验DNA。②

……

这种"撒网式"大规模采集样本的案例近年出现较多,而且越是重大、破案压力大的案件,侦查机关越是不惜代价地进行大范围的"抽血排查"。客观而言,侦查机关实施这种大范围的排查是一种不得已的选择,仅从上述案例反映情况来看,确实也对案件的最终侦破起到了重要作用,但这项措施的使用也暴露出一些明显问题。

(三) DNA采样的主体

笔者在调查中了解到:多数侦查人员对法律上明确规定

---

① 郭丝露:"山东滨州学院宿舍失窃 全校男生被采血验DNA",http://edu.qq.com/a/20131012/006156.htm,2015-8-8。
② 杨京,戴维:"武汉:女大学生遇害 数千男性师生配合调查采血验DNA",http://news.xinhuanet.com/legal/2013-11/20/c_125729363.htm,2015-8-8。

的诉讼程序、侦查步骤比较重视，也都能够按照所属机关具体考核指标的规定实施侦查行为，但对于法律规定过于原则、操作方法不明确且所属部门又没有做出进一步具体规定的，办案过程中就会出现重实体、轻程序的现象，甚至采取借用行政强制措施、钻法律空子等方法达到某种目的。就 DNA 采样的具体执行来看，由于我国立法中没有明确执行程序、执行期限等问题，各地对 DNA 采样的执行要求并不一致：硬件配置好、人员素质高的地区一般都将这类检查措施交给本公安机关的专门侦查技术人员进行采集，采集后用专门方法封存、送交专业鉴定机构（一般都是公安机关所设）进行分析；而硬件配置、人员素质等方面不高的地区则通常是由普通侦查人员进行或委以医务人员进行后将该样本送交检验。由于我国目前地区经济发展水平的差异，加上各地公安机关对于血样采集措施重视程度不同，使得我国在血样采集的执行水平上具有较大差异。如果血样采集主体不具有相应资质，执行操作不规范，将导致血样采集既难以保障被采集人的合法权利，又影响"真实发现"目的的实现。[1]

（四）DNA 采样权的制约机制

从我国实践情况来看，侦查机关行使人体采样权自启动至实施，监督和制约明显缺位：既无有效的外部监督，也无任何内部审查；既没有在事前进行合法性审查，也没有在事后向有权单位或部门汇报，完全不受任何监督。采集何种类

---

[1] 相关调查显示：由于 DNA 鉴定不规范而导致结论错误，进而误导侦查方向的案件在我国司法实践中已经多次发生。参见徐俊文著：《解密侦查失败》，中国人民公安大学出版社，2008 年版，第 303 - 306 页。

型的DNA样本、对谁采用人体采样，完全由侦查机关的具体办案人员自我授权、自主决定，"任意化"倾向较为突出。

据笔者在调研中了解到的情况：在一般刑事案件的侦查中，只要办案人员需要对相关人员进行DNA采样，都有权自行做出决定，不需要经过任何批准程序。对于鉴定分析结果，如果能够作为认定犯罪事实的证据使用，则直接将其结论放入案卷，而对具体采样过程则不需要任何记录文书；如果排除了被采样人的作案嫌疑、鉴定分析结论对案件认定没有任何直接作用，办案人员则无须向任何人、任何部门告知采样情况。客观而言，我国侦查机关权限过大、强制性侦查行为普遍缺乏有效外部监督等问题是侦查程序中的共同问题，但是像DNA采样这种对公民权利影响甚大的侦查行为从启动、执行到结束，完全由办案人员来自行掌握的情况仍是比较少见。

尽管我国检察机关是宪法规定的法律监督部门，它既可对整个侦查程序进行一般性监督，在发现侦查人员有违法或不当侦查行为时向公安机关提出纠正意见，也可以对公安机关以非法手段所获得的证据予以排除，从而实现对公安机关的侦查活动的制约。但由于我国刑事诉讼程序特殊的制度设计，整个侦查程序都处于国家权力单轨运行的秘密状态，并不易于监督。而在DNA采样领域，由于最重要的监督权即人体采样启动的审批权被赋予了侦查机关，作为法定监督机关的检察机关可以使用的监督方式相当有限，且缺乏相应的保障措施，因此往往只能流于形式。我国刑事诉讼法尽管也规定了检察机关对于侦查机关DNA采样结果有异议的，可以要求侦查机关重新进行检查,也可以派员参加,但由于这种监督仅侧重于结果审查,因此实践中"异议"情况较少出现,派员情况更几乎没有。笔者曾在一个基层检察院挂职工作,在该院5年来对公安机关侦查活动提出的近60份《检察建议书》中,没有一例涉及DNA采样行为。此外,从理论上讲,法院在审判阶段有权决定证据的取舍,因而得以间接制约侦查机关的DNA采样行为,但在我国目前的证据规则体系下,法院对于非法取得的身体样本及其鉴定资料,实际上无权排除、无法排除,使得这种制约流于形式。

(五)违法采样的救济

由于我国现行血样采集较为粗疏,侦查机关行使权力时的裁量余地较大。例如侦查人员在对无具体犯罪嫌疑人的案件进行侦查时,可以自己划定犯罪嫌疑人的范围,因而从理论上讲,任何人都可能被纳入这个大网,即使对一定范围内不特定多数人全部抽血检查,甚至对不配合的人(实际上无辜公民)强制进行检查的情况,在目前这种法律体系下,显然不能认为侦查机关违法,最多会被上级认为实施这项措施不够慎重而已。因此可以说:我国侦查机关实施血样采集时"违法"的机会本身比较少,最多只不过是一个合理不合理的问题了,在此前提下,公民合法权利即便受到公权力侵害,对于在正当目的遮盖下"合法不合理"的血样采集行为是难以寻求到救济途径的。

笔者曾对一名被网入侦查机关"撒网采验DNA"大网中的被采样人(李×,19岁,男,小学文化程度,农村进城务工人员)进行了一次访谈,该访谈者曾"配合"过警方大规模抽血采样,并因晕血而出现短暂昏迷,但当笔者问其是否想到过投诉时,他回答道:"没有,再说我也不知道谁管这事,何况投诉等于不听话,哪敢得罪他们呢?还是算了吧。"他的回答也许能够代表我国相当一部分民众的想法,这种态度尽管与中国民众传统的"畏官"心理有关,但和制度设计本身也密不可分。分析其根源,上述回答之"不知道谁管这事"说明了缺乏对权利进行救济的渠道;"投诉等于不听话"则说明有限的救济程序还可能给本人带来更大的不利影响。若不配合,其后果可能就像上文案例中滨州学院告知学生的那样,"将造成不必要的麻烦"。

(六) 考察结论

从整体上看,现行DNA采样程序立法过于简单,缺乏细节性规定,侦查机关在实施DNA采样措施时具有较大的自由裁量权且缺乏制约。客观而言,这种"高度集中式"的权力行使模式便于侦查人员根据需要运用DNA采样措施获得查明案件事实的线索,及时收集、固定证据,从而有利于提高侦查效率、打击犯罪,因此如果以实现犯罪控制的目的为标准来看,这种立法模式无疑是我国人体采样程序的优势。但是,若以法治国家标准和现代人权保障标准进行评价的话,我国现行DNA采样程序所存在的缺陷也是不容回避的。

首先,以法治原则为标准来看,我国DNA采样程序与主要法治国家存在较大差距。将我国DNA采样程序与上述主要法治国家进行比较之后,不难发现,无论从立法还是司法上讲,我国的DNA采样程序都属于法治水平较低的状态。简单举例，程序法定是法治国家的基本要求之一，而这又必然要求公权力机关在刑事诉讼活动中的各项行为都有明确的法律依据，且能严格依照法律规定程序实施权力，这使得当前法治化水平较高国家的刑事诉讼立法都普遍呈现出一种"精密化"走向。上述主要法治国家在DNA采样的相关立法中就体现了这种理念，几乎都是通过一系列细节性规定构筑了本国的DNA采样程序体系，以求对这一刑事诉讼措施运行的各个环节都有所覆盖。相比来看，我国立法却极为粗疏、简单，从授权到启动，从实施到救济，几乎DNA采样的各个环节在我国立法中都难以找到明确、具体的规定，而立法供给的不足又必然导致侦查机关擅用、滥用采样权的情况出现。公民的权利一旦被非法人体采样行为所侵害，也难以寻找到有效、适当的途径进行救济，这与其他国家对此的谨慎立法显然有差异。毋庸讳言，对于体制转型时期的中国，各项现代制度的建立都需要有一个摸索和完善的过程，不能说国外的制度一定优于我国，但是若将立法的精密与执法的审慎作为衡量一国法治化水平的重要标杆，我国无疑与其他国家还有很大差距。随着我国法治建设进程的深入以及人权保障的观念的加强，DNA采样程序在立法和司法方面暴露出来的问题也将会越来越明显，有些问题甚至会成为主要矛盾，比如"撒网采验DNA"问题等，这些问题早晚都要解决，否则必然会带来许多意想不到的社会问题。

其次，以人权保障理念为标准来看，我国DNA采样程序也难以符合现代人权保障的要求。如上所述，由于特殊的政治哲学和诉讼理念，我国过于强调侦查机关打击犯罪的职能，人权保障理念在我国刑事法律领域并未得到应有的重视。而上述法治水平较高的国家则普遍对国家权力的行使保持高度警惕,力求在犯罪控制与人权保障之间保持平衡,因此其DNA采样程序设计更倾向于关注对侦查官员的控制,通过国家权力之间的相互制约来保护公民权利。即使是在极其特殊的紧急情况下,当对嫌疑人的人权保障必须让位于公共利益或其他更上位价值时,侦查官员的行为也受到事前、事中和事后等多重限制,使其不至于轻易为害。而我国人体采样程序最大的问题就在于侦查机关的权力过于强大,而对公民合法权利的保障又明显不足,有些立法上的缺陷甚至不符合最基本的有关保护被追诉者基本权利的价值规范,DNA采样权的运行在打击犯罪与人权保护之间严重失衡。

总之,从我国DNA采样程序的立法和实践情况来看,尽管DNA采样措施对于我国刑事案件侦查工作起到了不可忽略的重要作用,但由于立法粗疏、制度设计缺位,我国司法实践中出现了一种片面强调犯罪控制的趋势,人权保障被弱化甚至虚置,这与当代法治国家的要求相距甚远。如果我国DNA采样程序不能及时得到改革和完善,必然会对我国刑事程序法治化目标的实现造成障碍。

二、我国DNA样本采集程序存在的主要问题

通过上述考察,笔者发现我国当前人体采样程序主要存在以下几个问题。

(一)法律授权不够明确

从上述介绍可知,尽管我国关于DNA采样的法律依据是

现行法关于"人身检查"中"生物样本采集"部分的相关规定，但由于立法过于粗疏、抽象，且缺乏司法解释和补充规定，因此在 DNA 采样问题上实际上呈现一种概括、模糊授权的状态，我国侦查机关行使血样采集权时自由裁量余地很大，何时采样、对谁采样，完全由侦查机关的具体办案人员自我授权、自主决定，既无需事前取得合法性审查，也无需在事后向有权单位或部门汇报，实施 DNA 样本采集的"任意化"现象较为突出，只要侦查机关认为"有必要"，即可启动这种侦查措施。在我国现阶段的司法实践活动中，即使法律有明确、具体的规定的情况下尚不能避免"程序失灵"的现象发生，这种缺乏明确具体授权的权力实施状况就可想而知。

（二）强制采样缺乏条件限制

从域外立法情况来看，侦查机关行使强制性 DNA 采样权主要受到以下几个方面的制约，即：立法层面的严格限权、司法层面的事前审查以及事后合法性评价。立法层面的限权主要是通过法律保留原则的贯彻来实现；司法层面的事前审查是由中立的司法机关对侦查机关启动强制采样措施的合法性与适当性进行审查，而事后的合法性评价则是根据"司法最终裁决原则"，通过非法证据排除规则的建立，由法院排除违法侦查所获得证据之证据能力的形式来否定违法侦查行为，这既是对违法侦查行为的惩戒，也是一种救济途径。反观我国，侦查机关 DNA 采样权的行使明显缺乏制约：既无有效的外部监督，也无任何内部审查；既没有在事前进行合法性审查，也没有在事后向有权单位或部门汇报，完全不受任何监督。对谁采样、如何采样，几乎完全由侦查机关的具体办案人员自我授权、自主决定,"任意化"倾向较为突出。

(三) 采集对象范围过宽

如上文所述,在实践中DNA采样对象的范围缺乏必要限定,近年在一些重大案件中大范围地进行血样采集的现象也较为常见。客观而言,侦查机关实施这种大范围的DNA采样方式进行排查是一种不得已的选择,但从刑事程序法角度来看,这种方法显然不可取。特殊侦查手段只能用于特殊人群,即有证据证明有犯罪嫌疑的人,不能将犯罪嫌疑理解为只要具备作案条件(强奸案中的男性或者生活在案发现场周边区域内就被视为犯罪嫌疑人)者皆有嫌疑,更不能够对公民任意使用侦查措施。侦查机关在破案初期,虽然可以把怀疑对象的范围划得大一些,但同时亦应承担不断缩小怀疑对象的范围的责任,应尽量避免给很多人带来骚扰,如果仅仅为了查找一名犯罪人就进行大规模的血样采集,对许多无辜公民的基本权利和正常生活进行侵犯,显然有违程序法治的基本理念。具体而言,其主要存在以下几个问题:

第一,不利于保障人权,有违刑事诉讼法的基本理念。

刑事案件侦查的对象只能适用于特殊人群,即有证据证明存在犯罪嫌疑的人,而不能将犯罪嫌疑泛化理解为:只要具备作案条件(强奸案中的男性或者生活在案发现场周边区域内就被视为犯罪嫌疑人)者皆有嫌疑。虽然侦查机关在破案初期可以把怀疑对象的范围划得大一些,但同时亦承担着不断缩小怀疑对象的范围的责任,应当尽量避免给很多人带来骚扰,在直接实施侦查措施时更加应该慎重,不能轻易启动。如果仅仅为了查找一名犯罪人就进行大规模的DNA检测就对不特定多数无辜公民的基本权利和正常生活进行侵犯，明显对人权造成了侵犯，也违背了程序法治的基本理念。一位名叫万光武的中学老师在经历了这样一次检查后，在其博客上以"采血记"为名如实记载了他被检查的经历以及心情：

"今年春节，我居住中学的附近发生一起强奸杀人案，警察号召群众举报可疑人员。但张贴的协查通报中也没有太多对嫌犯体征的描述。转眼半年，人们渐渐把它淡忘，像以往很多无头案一样，我也没有想象还有什么意外发生，生活开始归于平静。

事件是这样开始的：那天早上，我快到学校大门口时感觉气氛不对。见大门外拉了一条白线，还有警察和警车。传达室边闹哄哄围了一堆院里住的男老师和男家属，一些人正埋怨对面一个便衣男子，便衣人不耐烦：'急也没用，平时的耐心都哪儿去了！配合点儿，这点儿时间算啥！'这时，便衣旁边的校长叫住了我：'等会儿再走，等着排查！'见我不明白，解释了一下，说还是年初那个案子，派出所决定对附近居住的成年男性进行逐个排查，方法就是抽血化验 DNA。'为保一方平安，配合一下警察同志！'这句话是对着大家说的。'可也得有时间观念呀，采血的也不跟车一块儿来？'一位戴眼镜的还在抱怨对等待的不满。

我借机看了一下便衣手中的名册，见上面列着校家属院居住的成年男性名单，左上角写着'××中学片区'，再上是'××乡排查人员名单'字样。我斗胆问便衣:'这一共得抽多少人的血啊?''一两千吧!'我吃惊,'一两千人都成强奸嫌疑犯了?'我有被侮辱的感觉。'这还算多大委屈?谁都跑不了!'便衣人有些不耐烦。旁边有老师笑话我,我只好不说话了。

陆续有人加入我们的队伍,热热闹闹像赶集。便衣人接完一个电话后跟校长耳语几声,校长吩咐门卫把传达室收拾一下,人群骚动起来,'总算等到了!待会儿我第一个查啊!''听说当时就能查出血型,我得看看我什么血型!'说话间,一辆摩托车载着一个中年男警察到了,同校长寒暄几句就提着药箱进了传达室。校长忙招呼大家:'排好队一个一个来,效率高一点啊!'中年警察见我进来,用下巴点了一下椅子,示意我坐他跟前。边翻名册边问:'姓名?'听到答复后就在我名字上打了个勾,然后扳过我的头,拿出器械准备扎耳朵,又放下,想起什么似的拿个棉球擦了擦要扎的部位。然后我就觉得耳垂猛然一下子被扎的很疼,他挤挤,觉得血量不够,冷不丁同样位置又被扎了一下,我叫苦不迭,心想这肯定是临时培训的。这时屋里挤满了人,烟雾缭绕,人们都在相互打趣,'喂!这下看你这个披着教师外衣的色狼往哪躲!''不做亏心事,不怕鬼敲门。这位老弟完事我第二个抽。哎!往后缩什么?心虚是吧!'谈笑间我已结束,后面蜂拥而随。血样被分别装进一个小纸袋,上面写上了名字和住址。听说采样全部结束后,血样要统一送省城做 DNA 鉴定,而结果出来之前,人员外出都要登记备案。

> 就这样我被放了出来，发了一个棉棒按住耳垂。待一会儿会有更多捏着耳朵的路人，该是街上一景吧！直到现在，这件事不再被任何人提起，就像大家经历的诸多平常事中的一桩，但它对我来说，却日渐感觉是一个不平常的大事件，特别是那痛与羞辱堆积的瞬间，还有不以为然的人们，更让我无法忘记。"[1]

对这种没有任何证据支撑的情况下，而强加于无辜公民的"痛与羞辱"，除了展现公权力的冷漠与强大之外，是否还有其他更为明显的优势法益考量？对此，显然值得我们深思。

第二，成本高昂且成功机率不高。

由于进行 DNA 检测需要一定人员以及相当条件的硬件支撑，因此其实施需要一定投入，而"撒网采验 DNA"由于涉及面大，其成本投入自然较高。

> 在由顾永忠教授无罪辩护成功的河南省郑州市"黄新故意杀人案"[2]的侦查过程中，郑州警方为了查获真凶，于 2002 年 7 月底至 2003 年初期间进行了数次大规模的"撒网采验 DNA"，凡是案发前后在案发现场附近居住过的可疑男性，无论是本地人还是外来打工者，或出差旅游到此的，均被抽血检查。警方为这种罕见的大海捞针式的取证核查投入了大量警力和财力，先后有 5000 余人被抽血化验，每个人的验血费为 200 多元，仅

---

[1] 万光武：《采血记》，http://blog.sina.com.cn/s/blog_5311cc9c0100dtxr.html，2015-8-8。

[2] 此案的详细介绍可参阅"郑州市人民检察院诉黄新故意杀人案"，《中华人民共和国最高人民法院公报》，2003 年第 3 期，第 23-24 页。

此一项，警方就耗资100余万元之巨，但仍未寻获真凶；而上文2008年黄石警方进行的排查中，仅DNA排查一项也花费60余万元。

因此可以说，"撒网采验DNA"是一种代价高昂的侦查行为。但其效果未必理想，尽管上文公开报道的案例都是以成功告破而终结，但笔者认为，肯定还有相当一部分案件，以此方法并未奏效。其原因很简单，在这种排查方式中的偶然性太大，即使抽血检查了1万人，恰恰就实际犯罪嫌疑人本人侥幸漏过了检查或检查结果出现技术偏差，那么即意味着整个检查活动宣告失败。如上文所述的"杀人恶魔"杨新海案侦查过程中，河南警方以临颖县纺车刘村案发现场遗留的DNA生物痕迹为线索，对临颖县、西平县、上蔡县近万人进行了抽血检查，但就因为杨新海本人流窜至外地躲过这一系列排查而使整个检查前功尽弃。更值得一提的是，杨新海的父亲也接受了多次抽血检查，但就因为DNA分析技术的误差，检查中竟然没有发现杨父DNA样本与现场遗留DNA的遗传谱系关系，反而据此排除了出门在外"打工"的杨新海之作案嫌疑。

与杨新海案中发生的情况相似，2012年告破的震惊全国的"苏湘渝系列持枪抢劫杀人案"也出现了同样的情况。

2009年3月19日，重庆市"哨兵被杀案"发生后，因该案性质非常恶劣、社会影响较大，公安机关对于该案非常重视。由于案发现场遗留弹壳上采集到案犯遗留的DNA物质，因此DNA排查也是该案侦查的一项重要工作，该市公安局最初规定本市范围内凡是17岁以上、

50岁以下的男性全部都要采集血液进行DNA鉴定,但是在对某职业中学采集时遭到师生的抵制,该情况反馈到市公安局后,市公安局才决定不再对在校生进行排查,而将范围重点确定在社会闲散人员、前科人员上,截至案件破获时,该市就此案至少已对2万余人进行了排查。该案于2012年8月方告破,确定该案的犯罪人为重庆市沙坪坝区井口镇人周克华,但在当年的排查中,由于周克华躲过了抽血,使得原本声势浩大的抽血排查无功而返,从而使得案件告破往后推迟了数年,造成了周克华从容流窜全国、"爆头"不断的严重后果。

(四)操作程序不规范

就操作程序而言,我国目前DNA采样在实践中主要存在以下三个突出问题:

第一个问题是提取程序问题。随着DNA检测技术灵敏度的提高,提取、保存、移交、鉴定每个环节都有可能使生物检材污染、变质,如果不严格遵照程序要求由具有相关职业资格的专业人员提取、保存与送检,就有可能将提取到的犯罪嫌疑人之血液样本破坏,也就得不出科学有效的DNA鉴定结论,从而使犯罪分子继续逍遥法外,甚至可能冤枉无辜。

第二个问题是在样本的保管上存在问题。在很多案件中,由于原始检材提取后没有得到妥善保管,致使关键证据遗失,导致案件事实最终难以认定。血样作为案件的关键证据,在提取之后本该遵守严格的保管程序,而由于我国目前司法实践中对血液样本提取的保管意识缺乏,也缺乏相关程序进行规范,使得这个环节出现了较大问题,这显然不利于刑事诉讼活动的顺利进行。此外，基于构建DNA数据库样本收集量的考虑，我国目前对于提取的DNA信息采取的是一经入库即永久保存的原则，如前文所述，生物信息作为个人隐私的一部分，属于隐私权的保护范畴之内，而我国目前在实践中却全无这种意识，对于提取的血液样本以及经过鉴定分析后录入DNA数据库的信息，任何一位能够进入该库的人员都能自由查询，不受任何限制，这显然不利于人权保障。

第三个问题是DNA样本鉴定缺乏期限限制，难以保障诉讼活动顺利进行。根据笔者了解，从技术角度讲，目前对一个送检的血液样本进行DNA鉴定到做出结论一般是能够在7~8个小时内完成的，但是由于我国目前没有关于DNA鉴定期限的限制，加上硬件方面的限制（DNA实验室数量少，而送检样本较多），往往一个身体样本从提取到鉴定结论的做出需要很长时间。仍以西部某市为例，因为该市目前只有一个DNA实验室（设在该市公安局刑警总队），该实验室承担着全市所有下辖区县公安局送检的DNA鉴定任务，从公安分局提取犯罪嫌疑人身体样本到最终结论的做出往往需要3~4周时间。而在醉驾案件查处中，即使对血液中酒精含量的测定技术相对简单，一般也需要3~7日才能拿到结果。这在实践中就产生了一个明显问题：我国新《刑事诉讼法》规定的拘传时间是12个小时，新《刑事诉讼法》则规定：案情特别重大、复杂，需要采取拘留、逮捕措施的，传唤、拘传持续的时间不得超过24小时。一个公民被拘传后如果需要对采集血样进行鉴定，在鉴定结论做出之前，该公民就处于一种既不能排除怀疑又不能被认定的不确定状态，而鉴定结论又往往难以在 24 个小时内作出，这也就使侦查机关陷入一种要么严格遵守刑事诉讼法关于拘传期限的规定及时放人（但是可能放纵罪犯），要么超期羁押被检查人直至鉴定结论作出（但是违法）的两难境地之中。

（五）被采集者权利保障不足

从实践情况来看，我国对被采集者权利的保护明显薄弱，在立法上难以找到对被采集者权利保障的实质性规定，更没有涉及侵权机关的赔偿义务。在实施血样采集时，侦查人员无需征求被检查人的同意，只要认为"有必要"就可以强制采集、多次采集。被采集者即使认为采集手段不合法，也没有提出异议的权利和条件，被采集者在整个过程中既无获得信息权、拒绝权，又无异议提出权、律师帮助权，而上述权利的缺失显然不利于对公民基本权利的保护。即使采集程序的实施不当，被采集者也没有申请事后审查和救济的法定权利和渠道。而对于采集到的血样样本及收集的信息应该如何处置，我国法律更是没有涉及，使得这一部分完全处于无序状态。从实施机关到被采集者，由于缺乏人权保障意识，都不会在乎样本、信息的后期处理问题，其很有可能被随意放置、丢弃，甚至可能被重复使用。

第三节 我国 DNA 采样程序的完善

笔者认为，在制度设计层面，现阶段完善我国人体采样程序制度的重点应放在细化 DNA 采样程序和推进配套制度建设两个方面。

一、细化DNA采样程序

（一）设定采样程序的启动条件

笔者认为，应在法律中明确必须满足下列条件的要求，才能启动人体采样措施。

1. 被采样者体内存有某种特定的证据信息

从国外立法情况来看，实施DNA采样需要具备以下条件：第一，证据的提供者具有可信性；第二，证据提供者的信息来源具有可靠性；第三，证据本身具有新近性[1]。在这三个条件中，前两个条件比较容易理解，而所谓"新近性"则是指申请者提供的证据必须具有新鲜性，该证据必须能够证明要获取的证据信息仍存在于体内，倘若证明存在于某人体内的证据信息不具有新鲜性，即使采样也可能一无所获。我国在立法中也可借鉴上述规定。

2. 证据与案件的待证事实之间具有相关性

所谓"相关性"，是指具有证据证明存在该待证事实。比如，在对强奸案犯罪嫌疑人进行采样时，首先必须有证据证明有犯罪行为发生，且有证据证明该犯罪嫌疑人与案件有关，否则不能启用采样措施。判断犯罪嫌疑人案件事实有关的标准，笔者认为，应当规定为"重大嫌疑"，而发动人体采样的目的则在于确认、提高或排除初始嫌疑。反之，如果并不存在任何初始嫌疑，而是以人体采样作为探求初始嫌疑

---

[1] 参见吴纪奎："侵入身体检查研究"，载《四川警察学院学报》，2008年第6期。

的手段则属于非法,前科并不能成为成立初始嫌疑的唯一理由。此外,根据"相关性"的要求,采样获得的证据资料只能在证明本案待证事实时使用,禁止移作其他用途,比如禁止将提取到的强奸案件犯罪嫌疑人的血液样本以及由此得出的 DNA 分析结论用作民事案件中判断亲子关系的依据等。

3. 采样所欲获取之证据对于证明案件待证事实必不可少

所谓"必不可少"主要指以下两种情况:第一是通过人体采样获得的证据其本身的性质决定了该证据对于证明案件待证事实具有不可或缺性;第二是由于其他证据的灭失从而使得人体采样获得的证据是现存的能够获得的证明待证事实的必不可少的证据。

4. 所涉罪行性质特定

从域外情况来看,许多国家和地区都在立法中对于 DNA 采样罪行情况作出了规定,如英国、奥地利、斯洛维尼亚采集任何可能触犯"列为登录之犯罪案件"的犯罪嫌疑人及被逮捕者;德国、芬兰、丹麦、瑞士、匈牙利、法国则规定仅能对涉嫌严重罪行或性犯罪案的犯罪嫌疑人及被逮捕者(一般而言,基本上都必须属于 1 年以上之有期徒刑)实施;我国台湾地区"DNA 采样条例"第 5 条也规定强制采样只能对性侵害加害人、性犯罪、重大暴力犯罪案件之被告或犯罪嫌疑人进行。[①] 那么在我国大陆立法时,该如何确定适用罪行的性质呢?规定得过于狭窄,难以有效发挥人体采样措施在侦破犯罪中的强大功能,不利于打击犯罪;

---

① 唐淑美:"刑事 DNA 数据库之扩增与隐私权之探讨",载《东海大学法学研究》,2005 年第 12 期。

规定过宽，又容易导致这项措施启动过于随意，不利于保障人权。笔者认为，目前可将适用人体采样的案件界定为"可能判处有期徒刑以上刑罚的故意犯罪案件"，之所以这样规定，主要是因为"有期徒刑"是我国《刑法》设定的五种主刑的中间格，是轻刑犯与重刑犯的分界线，以此为界比较好操作①，也符合大多数国家或地区的立法例。

（二）增设强制采样权的审批程序

目前我国理论界对于完善我国人体采样制度时设定一个审查批准程序已达成共识，新修订的《公安机关办理刑事案件程序规定》明确强制采样必须经办案机关负责人批准。② 但由公安机关自行审查是否能起到把关的效果？笔者认为，对于强制性侦查行为，仍应当考虑由公安机关以外的其他机关审查为宜。如前文所述，我国在短期内建立起强制侦查行为司法审查机制的可能性不大，应当采取一种过渡方式，即实现侦查机关自行决定——检察机关审查决定——法院审查决定这种路径来解决这个问题。具体而言，现阶段可以在检察机关内设专门机构（审查侦查行为合法性及必要性，决定是否批准侦查行为实施的专设部门）对侦查机关（包括检察机关内部的侦查部门）欲采取之强制采样措施是否满足启动条件进行审查批准。但是，为了保障侦查的及时性，也应当

---

① 我国现行刑诉法在设置逮捕的条件时，即将犯罪性质设置为"有期徒刑以上刑罚"，因此设置这种标准能够便于侦查中做出准确判断。

② 《公安机关办理刑事案件程序规定》第212条："犯罪嫌疑人如果拒绝检查、提取、采集的，侦查人员认为必要的时候，经办案部门负责人批准，可以强制检查、提取、采集。"

增设紧急情形的例外进行对人体采样审查批准制度的一种调节，即侦查机关在遇到符合法律规定的紧急情况的条件下，可以由办案机关负责人批准，而后再向检察机关（法院）报告。笔者认为，可以参考美国在 *Schmerber v. California* 案[①]中设定的紧急情形下的实施条件进行设置，即侦查机关只有在同时满足以下 3 个条件时可以自行采集血液样本：第一，有证据证明存在实施的必要性；第二，附随于合法逮捕（拘留）之后且来不及申请；第三，实施手段必须适当、合理。

（三）明确强制采样的方式

在遭到被采样人抵制的情况下，为了获得必要的生物样本，需要一定强制手段保证采集措施的实施，但立法一定要对强制采样的条件和方式进行明确。笔者认为，强制采样与其他强制性侦查行为一样，同样要受共通性原则的约束，此外，必须明确强制采样只能对犯罪嫌疑人实施，而不能对被害人或第三人实施。

从域外立法情况来看，强制采样的"强制"方式可分为间接强制和直接强制两种。就间接强制来看，其主要有以下几种方式：一是威胁，即告知被检查人如果其抵制对其实施 DNA 样本采集，将因此而承担不利于其的推论，这种方式比较常见；二是对于抵制"勘验性身体检查"实施的被检查人处以罚款或拘留，以督促其接受检查，如《日本刑事诉讼法》即规定对于拒绝接受检查者可依据该法第 137 条、第

---

① Schmerber V. California, 384 U. S. 757 (1966).

138条罚款或拘留①；三是对于拒绝接受人体采样的人追究刑事责任，如美国即以藐视法庭罪对其予以处罚。②而直接强制的方式则主要表现为两种形式：一种是直接停止实施正在进行的样本采集程序，而将被检查人的抵制行为作为证据提交法庭，通过被检查人的抵制行为推定通过原检查可以获得相应的证据存在，即将被检查人的抵制行为视同于获得了通过原检查可以得到相应的证据③；第二种是物理强制，如日本就规定当间接强制方式不能奏效时，即可依据《日本刑事诉讼法》第139条之规定使用直接强制之方式为之④，但这只能是实施物理性强制方式的检查具有正当性，至于采用强制手段本身是否具有正当性，则仍需接受比例原则的考量，尤其要接受必要性及相当性的审查，才能获得正当性。笔者

---

① 《日本刑事诉讼法》第137条第1项规定："被告或被告以外之人，无正当理由而拒绝检查身体时，得裁定处十万元以下罚款，并得命其赔偿由于拒绝而产生的费用"，第2项："对于前项裁定可提起即时抗告"；第138条第1项："无正当理由而拒绝检查身体者，应处十万元以下罚款或拘留"；第2项："犯前项之罪，得斟酌并科罚金及拘留。"参见宋英辉译：《日本刑事诉讼法》，中国政法大学出版社，2000年版，第32页。

② 这种方法虽然可以有效地避免武力的使用，但是其欠缺合理性。其原因在于被抵制检查的原因可能是多方面的，如果仅仅因为被检查人对于"侵入式检查"的抵制行为而推定获得了通过搜查可以搜查到的证据，有导致无辜者被定罪的危险，因此对其是否存在合理性的质疑较多。参见 D. H. Kaye, "Who Needs Special Needs? On the Constitutionality of Collecting DNA and Other Biometric Data from Arrestees", 34 J. L. MED. & ETHICS 188（2006）。

③ Richard A. Leo, "Constitutional Limitations On The Taking of Body Evidence", 78 Yale L. J. 1074, 1087–1088（1969）.

④ 《日本刑事诉讼法》第139条规定："法院在认为对拒绝检查身体之人处以罚款或科刑仍无效果时，得直接对其实施检查身体。"参见土本武司著：《日本刑事诉讼法要义》，董璠舆、宋英辉译，五南图书出版公司，1997年版，第160页。

认为，这种间接强制与直接强制相结合的强制采样方式值得我国借鉴。

(四) 限定 DNA 样本的采集主体

由于血液、体液样本的采集往往伴随有一定程度的身体损伤且存在感染的风险，因此当前世界主要国家和地区对此都非常谨慎。就采集主体而言，域外对于血液样本的采集普遍要求由专业医师来进行。如1984年《英国警察与刑事证据法》就明确规定提取血液、体液等"私密性"样本只能由注册医生或注册护士执行，且只能在医院、诊所或其他医疗地点进行[①]；日本对于"勘验性身体检查"的实施方式未作具体要求，但是认为由于"鉴定性身体检查"是伴随着身体损伤的内部检查，因此需要由专业医生依据医疗准则实施；美国法律也要求抽血等需要依据一般医疗规则进行的取证应当由医生在符合医事规范的医疗环境中进行；德国对于抽血以及其他"侵入式检查"措施，也要求只能由医师依照医疗规则进行。根据德国学者的介绍，德国刑事诉讼法中所称的"医师"是指得到医师开业许可或受允许暂时执行医师业务者，牙医师通常并非所称的可以进行抽血或其他侵犯性检查的医师。反之，未取得行医资格的医学院系学生或毕业生、医师助理、护士或看护都不是适格的执行主体，最多只能在被告同意或医师的指导、监督并以医师自己名义负责的情形下，进行抽血检查。

[①] 中国政法大学刑事法律研究中心编：《英国刑事诉讼法（选编）》，中国政法大学出版社，2001年版，第453页。

鉴此，笔者认为在对我国 DNA 采集程序进行完善时，应对血液、体液样本的采集主体进行明确规定，即将其限定为具有医师资格的专业人员，由上述人员依照医术准则进行的血液样本采集能够降低人体采样的风险及被采样人的恐惧感，从而更有效地保障被采样人的合法权利。我国修订后的《刑事诉讼法》和《公安机关办理刑事案件程序规定》都将 DNA 采样的主体规定为侦查人员进行，但在《人民检察院刑事诉讼规则》中则明确"采集血液等生物样本应当由医师进行"[1]。笔者认为，检察机关的这个规定已经是一种进步，未来应当在刑事诉讼法典的层面予以统一规定。

（五）构筑被采样者的权利保障机制

从域外主要法治国家或地区的立法情况来看，其对人体采样立法的一个重要特点就是普遍注重对被检查者的权利保障，尽管各国对于被采样人权利保障机制的表现形式有所差异，但总体来看，基本都是通过赋予和强化被采集者的知悉权、异议权和救济权三个方面的权利构建起本国或本地区人体采样制度中的权利保障体系。所谓"知悉权"是指侦查机关采样之前必须要告知被采样人采样的目的以及其可能产生的风险，原则上需要获得被检查人同意后才能进行，如果侦查机关认为有必要进行强制检查，则必须获得法官授权后依照法定程序才能进行；所谓"异议权"是指被采样人对于采样决定不同意的，有权就此专门提起异议程序；所谓"救济

---

[1] 《人民检察院刑事诉讼规则》第 213 条第 2 款："采集血液等生物样本应当由医师进行。"

权"是指被采样人能够对侵害自己权利的非法采样行为提起申诉并获得补偿的权利。尽管各国或地区诉讼传统不同,侦查程序构造也存在差异,但通过细节性规定来落实这几项权利,却是各国或地区在其人体采样立法中呈现的共同特征。比如:在1984年《英国警察与刑事证据法》中要求进行采样检查的警官明确告知采样的目的,在取得被检查人"适当同意"之后才能进行采样检查;美国司法部门认为一般的搜查令状审查程序不足以保障被采样人的合法权利,因此通过判例形式确定了接受侵犯性人体采样者的事前听审程序,而且在听审之后,进行侵犯性人体采样行为之前,被告还有就法院之见解提起上诉的机会①;德国则规定被追诉人被采样时仅有忍受的义务,但并无积极配合的义务,被追诉人在接受检查身体时无需回答任何问题②,而法官在作出采样决定前必须先听取被追诉人的意见(紧急情形除外),被告则可以对法官的决定提出抗告等。应当说正是通过这一系列具体规定,各国在人体采样制度中构筑起了一道坚实的权利保障屏障。

笔者认为,我国可仿效域外国家和地区的先进做法,通过立法赋予被采集血样者"知悉权""异议权""救济权"这三项权利,从而构筑起被检查者的权利保障机制。

二、推进配套制度建设

DNA采样制度的整体完善还需要一系列配套制度的支持

---

① United States v. Crowder, 543 F. 2d 312, at 318 (D. C. Cir. 1976).
② [德]克劳斯·罗科信著:《刑事诉讼法》(第24版),吴丽琪译,法律出版社,2003年版,第361页。

才能实现，就现阶段而言，应在以下方面进行完善。

（一）细化 DNA 样本的保全与运用规则

笔者认为，健全 DNA 样本的保全与运用规则可从以下几个方面进行：首先，应当明确限定 DNA 样本的用途，也即通过生物样本采集程序获得的证据资料仅限于在本诉讼程序中调查或证明与犯罪有关的事实使用，不得用于其他用途；第二，应当严格限定接触 DNA 样本资料人员的范围，且规定侦查人员对在收集、使用该样品的过程中知晓的个人隐私负有保密义务，不得泄露被检查人的隐私性信息；第三，对 DNA 样本资料应当及时销毁。诉讼程序终结之后，对没有实施犯罪或国家专门机关认为不构成犯罪的人，侦查机关所采集到的被检查人之生物样本必须立即销毁，如果进行 DNA 分析的，其 DNA 分析数据应该从 DNA 数据库中删除。对于认定有罪的被采样人之生物样本，在生效判决作出之后，应当及时销毁，而其 DNA 信息则可以保留一定期限。[1]

（二）建立鉴定留置制度

如上所述，DNA 样本的采集往往还存在一个限制被采样人人身自由的问题，但是由于技术水平的差异，致使检查结论的做出往往具有滞后性，这种与现行拘传时间相差极大的现状使得侦查机关在对未被采取羁押措施的犯罪嫌疑人实施

---

[1] 从国外立法情况来看，对已决犯的 DNA 信息在国家 DNA 数据库设置一定保留期限已是通常做法，我国有学者也提出了对已决犯 DNA 信息的保留期限设定为"罪犯刑满释放之日起 20 年或 30 年"，在到达这个期限之后，若该罪犯没有重新犯罪笔录，则应将其 DNA 信息从数据库中删除，笔者认为其不失为解决我国 DNA 信息保存问题的一个思路。参见陈学权："刑事程序法视野中的法庭科学 DNA 数据库"，载《中国刑事法杂志》，2007 年第 6 期。

DNA样本采集、鉴定时限制人身自由的合法性受到质疑，因此我国完善DNA采样程序时也必须要考虑这个问题。

解决这个问题有两种思路：第一种思路是在我国法律中明确规定DNA采样的期限限制，即将实施样本采集行为至结论作出时间的期限与拘传期限一致，也即在12个小时之内必须得出鉴定的结论。这种思路的优点在于通过硬性时间约束来敦促侦查机关实施DNA样本采集程序的人员搞好部门配合，加强硬件投入，提升技术水平，以保证诉讼效率。但是DNA样本作为一种技术依赖性较强的证据来源，随着科学技术的发展，其检查内容也必将更加多元化，而实施这类检查究竟需要多长时间目前尚难以预期，设定硬性期限似乎不能适应其发展性特征。第二种思路是参考德国、日本立法以及我国台湾地区相关规定的鉴定留置制度[①]来解决对于超过拘传期限而对被鉴定人人身自由进行限制的合法性问题。笔者倾向于第二种思路，理由在于：第一，如上所述，DNA样本及其采集、运用程序的发展性特征决定了难以设置一个明确的期限对其进行限制，而且解决不了超过拘传期限限制被鉴定人人身自由的合法性问题；第二，建立鉴定留置制度也是

---

① 鉴定留置在日本被称为"鉴定拘禁"，而在德国则被称为"为了观察而移送"，它是指为鉴定被告心神或者身体状态而将被告送入医院或其他适当处所的一种刑事诉讼措施。但鉴定留置的期限及范围各有不同，就期限而言，德国规定为"不超过6周"，我国台湾地区规定为"通常为7日以下，经侦查机关向法官申请批准后，可延长至2个月"，日本则未对鉴定留置的时间做出明确规定；就鉴定留置的目的来看，为日本和德国鉴定留置目的侧重于检查被告人的精神状况，我国台湾地区的鉴定留置也将被告人的身体采样列入鉴定留置的合法目的。参见万毅、陈大鹏："论鉴定留置的若干法律问题"，载《中国司法鉴定》，2008年第1期。

解决我国目前侦查程序普遍存在着的"查证功能与到案期限紧张关系"的关键一环,以此可以带动我国在侦查期限设置上的改革;第三,其他国家或地区的鉴定留置制度已经发展相对成熟,如我国台湾地区的理论界和实务界就对鉴定留置制度进行了较多研究①,可供大陆借鉴的经验和教训都比较多,因此移植成本比较低。

(三) 建立 DNA 证据形成笔录的审查机制

由于 DNA 证据的特点,它的形成要经历采集、保管、流转、分析等多个阶段,在这个过程中,DNA 证据极易受到污染或被替换。而 DNA 样本从何而来、由谁采集、如何采集等问题是对 DNA 证据真实性审查的关键问题。因此,对于 DNA 样本的提取、保管、鉴定过程必须要进行客观、明确的记录,以证明提取、保管、鉴定过程的合法性以及证据材料的来源路径。"证据形成笔录"可采用同步录音录像与书面文件记载两种方式共同进行,以实现对采集过程的监督、佐证 DNA 证据获取方式的规范性和合法性。DNA 证据形成笔录的实质是以主观化形式客观化 DNA 证据的形成过程。DNA 证据形成笔录应当随着经手主体的变化而动态变化,所有笔录都应存入案卷,并随案卷移送至法庭审查。此外,对于违法采集、保管链条中断的 DNA 样本以及由其获得的鉴定意见,法院应严格依照相关证据规则的要求,根据违法性质的不同予以排除或要求补正。

---

① 林钰雄:"论鉴定留置制度",《月旦法学杂志》,2004 年第 10 期。

第五章 DNA 数据库的应用与完善

DNA 数据库是将 DNA 多态性分析技术与信息网络技术相结合，通过对各类案件现场法医物证检材和违法犯罪人员样本的 DNA 分型数据及相关的案件信息或人员信息进行计算机存储，实现远程快速比对和查询的数据共享信息系统。[①] 广义的 DNA 数据库包括了生物学各个研究领域所获得的 DNA 数据，其侧重于基因及其相关 DNA 序列的信息处理。狭义的 DNA 数据库特指法庭科学 DNA 数据库，由于它在我国是以公安机关为主导进行建设，因此在我国现阶段也叫公安机关 DNA 数据库。本文主要研究法庭科学 DNA 数据库，以下简称"DNA 数据库"。

随着法医 DNA 分型技术的标准化以及功能逐渐强大的计算机以及日趋成熟的网络技术的不断发展，DNA 数据库得以诞生及不断发展，DNA 证据有了更为广阔的应用空间。从司法实践的情况来看，DNA 证据当前在侦查阶段有三种应用方式：第一，预先将特定人或有前科之人的 DNA 样本分析数据

[①] 侯一平编著：《法医物证学》，人民卫生出版社，2009 年版，第 370 页。

存放于公安机关建设的数据库,将现场所发现的犯罪嫌疑人遗留检体的 DNA 分析数据与 DNA 数据库预先采集、存放的"海量"DNA 数据相比对,以发现可能的犯罪嫌疑人或查找特定人员的身份;第二,运用"撒网采验 DNA"的方式在一定区域内查找、寻获犯罪嫌疑人;第三,根据被害人或举报人的指控,对特定人提取 DNA,与现场发现的 DNA 相比对,以补强被害人陈述或证人证言,从而达到认定或排除犯罪嫌疑人作案嫌疑的目的。在上述三种方式中,应用价值最大的无疑是第一种,信息化的运转方式使得 DNA 证据获得了更强大的功能。但从我国当前情况来看,刑事 DNA 数据库的运行实际上处于一种"无法可依"的状态,从而造成 DNA 数据库在样本采集程序、入库范围限定、管理监督跟进等方面都存在不足,数据库的建设和应用也面临着提升司法效率与保障公民合法权利不受侵犯之间的冲突。为了更好地推进我国刑事 DNA 数据库的立法建设,笔者在本文将对本问题进行系统研究。

第一节 DNA 数据库的类型与功能

DNA 数据库技术是 DNA 技术与计算机技术的结合,它将大量样本的信息特别是 DNA 分型数据信息存放在一个计算机信息库中,可以进行数据查询、比对,从而快速找到或排除犯罪嫌疑人,进行案件串并,节省办案时间,为案件侦破提供线索。伴随着法医 DNA 分型技术的成熟以及信息技术的不断发展,DNA 数据库也不断发展壮大。

DNA 证据的应用与规制

一、DNA 数据库的类型

从样本来源类型上看，DNA 数据库主要分为前科库、现场库以及失踪人员库。前科库，又称犯罪分子前科库，主要对犯有暴力犯罪（如抢劫、强奸、凶杀等）人员采集 DNA 样本进行 DNA 分型，得到分型数据之后将这些数据储存起来而形成的一个数据库。该数据库可以提供查询和比对服务，一旦有刑事案件发生且现场又提取到犯罪分子遗留的生物学检材，通过对生物学检材的 DNA 分型检测，将 DNA 分型结果输入计算机网络中，在前科库中进行比对和查寻，当现场检材各基因座 DNA 分型均与库中某一嫌疑人匹配时，就可直接为侦破案件提供十分有价值的线索，如果没有查询到相关匹配的数据，就可以将侦查重点放在数据库中所包含的人员之外，而减少相应的精力投入。现场库是对案件或事故现场有价值的各类生物学检材进行筛选并进行 DNA 分型，在储存数据时候按照检验材料的不同类型进行存储，现场库中的 DNA 分型数据不仅可以与前科库中数据进行比较，还可以在现场库中查询进行串并案研究，以及对一些无名尸、碎尸、空难、交通事故、爆炸和火灾中等受害者进行身源认定。[1] 失踪人员库是指存储有失踪人员的父母或配偶和子女，以及被怀疑为失踪人员的 DNA 分型数据及相关信息的 DNA 数据库，其样本主要是失踪人员和失踪人员的父母或配偶及子女

---

[1] 在 2015 年发生的河南省鲁山县养老院重大火灾事故和长江游轮"东方之星"沉船事故的处理中，确定死者身份时均是通过采集死者 DNA，与亲属 DNA 进行比对的方式进行。

的 DNA 样本。

从建库规模上看，DNA 数据库可分为地方库和国家库两种，我国 DNA 当前采用国家库、省级库及市级库的三级模式。市级库建于各地市级公安机关，主要负责本地 DNA 数据（包括现场物证、前科人员及失踪人员等）的录入、存储、比对及上报至省级库，并可以实现全国 DNA 数据的快速比对功能。省级库建于各省级公安机关，主要负责本级 DNA 实验室数据的录入、存储与比对，并定期将接收到的本省所辖市级库的 DNA 数据及本实验室数据上报至国家库。国家库建于公安部，现在由公安部第二研究所（物证鉴定中心）负责管理，其主要功能是接受各省级库上报的数据并完成比对。每一个新入库的 DNA 分型数据均需要与本地库中已有的 DNA 分型数据进行比对，比对按照子库的不同而以不同的比对模式进行。比对模式主要有两种，一种是同一个体比对，主要适用于现场库与前科库的比对，即每一个录入现场库的现场物证 DNA 分型数据均会与本级 DNA 数据库中所有数据进行同一个体比对，另一种是亲缘比对，主要适用于失踪人员库的比对，即每一对录入失踪人员库的亲属均需与本级 DNA 数据库中所有数据按照预先设定的亲缘关系进行比对。如果有比中结果，则系统自动进行反馈。待入库数据在本级 DNA 数据库中完成比对以后，则由本市级库上报到相应的省级库，并在省级库中按照与市级库中相同的比对模式与本省外市的 DNA 数据进行比对，如果有比中结果，则省级库系统自动进行反馈，并由省级库下发到市级库提示用户。待数据在省级库中完成比对以后，该数据再由省级库上报至国家库，并在国家库中按照相同的比对模式与外省数据进行比对,如果有比中结果,则国家库系统自动进行反馈,并下发到省级库,再由省级库下发到市级库并提示用户。

从比对方式看,DNA 数据库主要有以下几种:容差比对,即预先设定允许个体数据之间有一对或者多对不一致而仍然提示比中的比对方式,是目前数据库中比对最常用的方式,主要是为了避免因基因突变及数据录入错误等原因导致的漏比;自动比对,按照预先设定的流程,数据在不用人工干预的情况下进行比对的方式,是目前数据库最基本的比对方式;手工比对,由人工控制特定数据并与特定的省级库及特定子库进行比对的方式,常用于特定案件数据的及时查询比对。[1]

二、DNA 数据库的主要功能

自 1995 年英国建立第一个国家法庭科学 DNA 数据库以来,世界许多国家和地区,如美国、德国、加拿大以及我国台湾地区都纷纷效仿,建立了自己的 DNA 数据库。截至 2004 年,有 76 个国家或地区已经或者准备建立 DNA 数据库。实践证明,法庭科学 DNA 数据库在侦查实践中发挥着越来越重要的作用。例如,英国在 2008~2009 年间,共有 17 607 起案件的侦破与法庭科学 DNA 数据库的运用有关,其中包括 70 起谋杀案件和 168 起强奸案件。美国截至 2009 年,

---

[1] 张怀才著:《试述我国公安 DNA 数据在侦查中的应用与展望》,华东政法大学 2014 年硕士学位论文,第 8-9 页。

全美 DNA 数据库已经存储数据 745 万余条。利用数据库累计直接破案 9.3 万起。加拿大截至 2006 年，警方每 5 个月就可以经由数据库比对筛选出 359 名犯罪嫌疑人的 DNA 型别与犯罪现场痕迹 DNA 型别相符。[①]

概括来看，DNA 数据库主要有以下几种功能：

（一）指引侦查方向

从犯罪现场提取到的现场生物物证经过 DNA 实验室检验以后，将其获得的 STR 分型录入 DNA 数据库，直接与数据库前科库中的数据比中认定同一的情况，或者前科人员生物样本经过 DNA 实验室检验后将 STR 分型录入数据库与现场库中的数据比中认定同一的情况，是 DNA 数据库中应用最广泛的功能。比如在一起盗窃案的现场发现了一个矿泉水瓶，从该矿泉水瓶上提取到 DNA 样本，将其分析数据置入数据库即可与前科人员的录入信息进行比对，从而发现该矿泉水瓶的使用者，以发现犯罪嫌疑人。其次，从犯罪现场提取到的现场生物物证经过 DNA 实验室检验以后，将其获得的 STR 分型录入 DNA 数据库，直接与数据库现场库中的其他物证 STR 信息比中的情况。这种情况虽然没有直接明确犯罪嫌疑人身份，但是该种串并案件可靠度高，可以将串并上的不同案件之间的信息进行共享，增加侦查破案的突破口，是打击系列性案件的有效手段。当发现未知名尸体或者未知名尸块的时候，需要提取其 DNA，并录入全

[①] 瓮怡洁：“法庭科学 DNA 数据库的风险与法律规制”，载《环球法律评论》，2012 年第 3 期。

国公安机关 DNA 数据库，用于比对以明确其身源，当比中身源后，则需要围绕身源进行进一步的侦查，以明确案件性质。

（二）提高办案效率

通过 DNA 数据库的建设，能够提高公安部门侦查办案效率，丰富管理手段。随着中国经济的发展，城市与地区之间的人口流动越来越频繁，侦查机关对流动人口的信息不能及时掌握。各地警方花费人力物力，往往难以找到犯罪嫌疑人，如果某案犯罪嫌疑人已因他案在外地服刑入狱，公安机关耗尽力量可能也难以找到这名"隐居者"，这无疑造成了资源的浪费。DNA 数据库可以快速进行数据之间的比对分析，在短时间内搜寻大量的信息进行判断，确定或排除相关人员的嫌疑，及时转移侦查部门的视线，节约办案成本，提高办案效率。①

（三）提升侦查机关社会形象

DNA 数据库能够快速提供犯罪信息或者排除犯罪嫌疑人的嫌疑，从而减少侦查机关因侦查活动对社会公民的侵扰，

---

① 2011 年 4 月 13 日 6 时许，贵州遵义县鸭溪中学一名 13 岁的女学生从家中到学校上学，途经鸭溪镇府沿路时，被一男子挟持并强暴。警方及时提取了遗留物送检 DNA。通过贵州省公安厅 DNA 数据库比对，锁定正在遵义忠庄监狱因抢劫服刑的罪犯朱某某。现年 19 岁的朱某某 2011 年 5 月 31 日窜到遵义县鸭溪镇财溪路一居民楼，潜入市民江某某家行窃时，败露后将江某某杀伤逃走，后被警方抓获，朱某某因犯抢劫罪被投忠庄监狱服刑。2012 年 4 月，警方在 DNA 数据库比对中发现强奸案 DNA 与正在服刑的朱某某吻合，警方再次到忠庄监狱提取朱某某的 DNA 送检复核，认定了女学生被强奸案的犯罪嫌疑人就是朱某某。参见吴高栋："少年上学途中遭强暴 DNA 锁定监狱服刑犯"，http://gzdsb.gog.com.cn/system，2015-8-8。

提高社会公民对侦查机关办案能力的信任。同时，DNA数据库可以让侦查机关掌握有力的武器，从而加强对罪犯的震慑，提高公民的安全感。如据媒体报道，在河南省郑州市，1/3的刑事案件都是在DNA数据库的帮助下破获。[1] 此外，DNA数据库具有同一认定及亲缘认定功能，除用于刑事案件的侦破之外，还能服务于公民，主要体现在两个方面：一方面，可利用公安机关DNA数据库查询未知名尸体身源依据，为收养儿童家庭提供儿童DNA样本检验证明。为了查找未知名尸体身源，避免遗漏潜在的刑事案件，公安机关会对未知名尸体进行检验，并提取未知名尸体生物样本进行DNA检验，并录入DNA数据库，与失踪人员亲属及违法犯罪前科人员等子库进行比对，以明确身源。同时，为了避免潜在的被拐卖的儿童或者弃婴落户，我国一些地方的公安机关要求所有弃婴及收养儿童在落户之前必须经过DNA检验，并经打拐DNA数据库比对，若未与申报的被拐卖儿童父母样本比中，才能予以落户。[2] 虽然这个规定更多的是从发现潜在的被拐卖儿童出发，但从客观上看，也是为收养儿童的公民提供了便利。笔者认为，上述做法不失为打击拐卖儿童犯罪的又一有力之举，应当在全国范围内推广。

---

[1] 胡巨阳："探访郑州公安DNA实验室：让头发丝开口说话"，http://news.ifeng.com/a/20150520/43795845_0.shtml，2015-8-8。

[2] 张怀才著：《试述我国公安DNA数据在侦查中的应用与展望》，华东政法大学2014年硕士学位论文，第8-9页。

第二节　域外 DNA 数据库的建设与应用状况考察

一、DNA 数据库在英国的建设与发展

世界上第一个 DNA 数据库是由英国法庭科学服务部 FSS（Forensic Science Service）建立的。1992 年，根据英国警察协会的要求，在英国警察服务所的合作与支持下，法庭科学研究中心同意对建立国家 DNA 数据库进行研究。此次研究在德比郡进行，2000 个志愿者的样本通过唾液收集器来收集，这样既没有违反法律规定，又能对样本进行进一步研究。此次研究的结果表明现有的 STR 技术及相关信息技术已经可以支持建立国家 DNA 数据库。在解决了技术上的问题之后，英国开始进行 DNA 数据库的立法工作。1992 年英国警察和犯罪证据委员会向皇家审判委员会递交了申请从案件相关的嫌疑人身上采样进行 DNA 分型的法案，1993 年 10 月 6 日，当时的内务大臣 Michael Howard 宣布皇家审判委员会的法案通过了议会审议。[①] 1994 年 9 月，英国内政部颁布了 DNA 样本提取条例。1994 年 11 月 3 日得到皇家批准，成为一项正式的议会立法。1995 年 4 月该条例正式成为英国法律，标志着 DNA 数据库建设的开始，并成功建立了 35 万人的 DNA 数据

[①] 赵兴春、李路平、高洵："英国 DNA 技术应用与国家 DNA 数据库"，载《公安大学学报（自然科学版）》，1999 年第 2 期。

库。① 根据法律的授权,允许建立一个向整个英联邦开放的DNA 数据库,从 1995 年 4 月 10 日起收集样本,首期拨款建立一个样本量为 135 000 的数据库。基于建立和扩建国家DNA 数据库的需要,《英国刑事司法与警察法》(2001)(Criminal Justice and Police Act 2001)与《英国刑事审判法》(2003)(Criminal Justice Act 2003)两次修改了关于人体采样的相关规定。根据修改后的法律,英国政府除了可以永久保留已采集到的 DNA 样本信息外,还可以通过推测性搜查(Speculative Searches)的方式大规模采集人体 DNA 样本信息。所谓"推测性搜查"是指当一个公民未被怀疑为嫌疑人,但其书面同意参与采样时,则该自愿同意参与者所提交的 DNA 样本及结果将会留存于国家 DNA 数据库以供警察日后侦办案件的交互比对,而自愿参与者先前所缴的同意书不可撤销。② 基于这种授权,英国国家 DNA 数据库的规模急剧扩大。根据英国政府提供的数据显示,截至 2008 年 9 月,超过 7.39% 的英国公民的 DNA 图谱保留在英国国家 DNA 数据库中,这使得英国国家 DNA 数据库成为了存取本国公民 DNA 信息比例最高的国家。③ 排名第二的是澳大利亚,其保留的 DNA 图谱占其国民人口数的 1%,紧随其后的是美国,

---

① 焦文慧、宋辉:"英美国家犯罪 DNA 数据库建设及应用",载《上海公安高等专科学校学报》,2013 年 4 月第 2 期。
② 唐淑美:"刑事 DNA 资料库之扩增与隐私权之探讨",《东海大学法学研究》,2005 年第 12 期。
③ House of Lords Select Committee on the Constitution, 2nd Report of Session 2008 – 09, Surveillance: Citizens and the State. HL Paper No. 18 – I, (Session 2008/09), para1.

其联邦调查局的 DNA 数据库中保留的 DNA 样本仅占其国民人口的 0.5%，英国 DNA 库的规模之大由此可窥一斑。[1]

英国大规模地扩建 DNA 数据库也遭到了批评和质疑。2001 年，英国两名谢菲尔德人被英国警方逮捕，其中一人被指控涉嫌骚扰，一人被指控涉嫌武装抢劫。这两人都按照当时的法律被提取了 DNA 样本并录入 DNA 数据库。但是最终两人均被撤销指控，于是该两人向警方提出要求删除其记录并销毁其样本，但是均遭到警方拒绝。两人在英国的多次诉讼均遭遇失败后将案件起诉至欧洲人权法院。欧洲人权法院在 2008 年于 S & Marper v. UK 案[2]的判决中则明确表示了对英国这种建库型人体采样的批评，该判决指出，"不加区别地去利用公权力将怀疑为犯罪而实际未被判决有罪公民的指

---

[1] D. H. Kaye, "The Constitutionality of DNA Sampling on Arrest: An Interim Report to the National Commission on the Future of DNA Evidence," http://homepages.law.asu.edu/~kayed/pubs/, 2015-8-8.

[2] 在本案中，第一个上诉者 S 于 2001 年 1 月时被捕，其当时只有 11 岁，逮捕他的理由是被指控企图抢劫。他没有判决、训诫或警告的前科经历。他的指纹和 DNA 样本在逮捕后提取。而其于 2001 年 2 月被判决无罪。第二个被告 Michael Marper，2001 年 3 月因骚扰同伴被捕，当时他有 38 岁。而在审判他与他的同伴达成和解，对他的指控在 2001 年 6 月被正式撤销。两被告都要求政府将警方对他们采集的指纹和 DNA 样本销毁，均遭到拒绝，警方给出的理由是根据国家法律，警察局长有权决定保留任何案件中采集到的指纹和身体样本。两被告要求对此进行司法审查，理由在于警方在他们无罪的情况依然保留其 DNA 样本和指纹的行为，侵犯了《欧洲人权公约》第 8 条的规定，按照《欧洲人权公约》第 14 条的规定，他们不应该被歧视对待。他们也对授权警察局不加判断地保留身体样本和指纹的政策的合法性提出质疑。两被告的请求被地方法院在 2002 年 3 月驳回，而后上诉法院在同年 9 月以 2:1 的多数维持了一审判决。而后，两被告的请求又在 2004 年 6 月被上议院驳回。See Kate Beattie, S AND MARPER v UK: PRIVACY, DNA AND CRIME PREVENTION, E. H. R. L. R. 2009, 2, 229-238.

纹、细胞组织和 DNA 图谱保留在国家的数据库里的行为，构成了对《欧洲人权公约》第 8 条之'尊重公民隐私权'规定的不当侵犯"①，进而裁定撤销英国国家 DNA 数据库。在经历了起初很长一段对该判决的强烈反对后，英国政府表示将就 DNA 数据的保存方案制定一份白皮书。英国内政部长 Jacqui Smith MP 在 2008 年 6 月表示："我们将考虑建立替一套基于年龄、人身危险性、涉及犯罪性质不同而有所区别的，更加灵活与公平的机制……不满 10 周岁（刑事责任年龄）的未成年人的 DNA 将不再被保留在国家的 DNA 数据库中……对已经保留的，我们将立即采取措施进行销毁。"② 从此发言中似乎并未明确看出英国是否会通过立法来解决 DNA 数据库的问题，但是英国上议院宪法委员会则表示，将通过立法建立国家 DNA 数据的保存机制，而在这套机制中，"公民个人能就国家 DNA 数据库保留其个人信息的决定提出反对性意见。"③

根据这项裁决，英国内政部于 2010 年表示，已经被证明是无罪民众所留下的 DNA 档案将被删除。这意味着，英国警方有 80 万份数据将被删除。并且今后警方不能在尚未确定嫌

---

① S and Marper (App. Nos 30562/04 & 30566/04), judgment of December 4, 2008 ECtHR at [119], http：//cyberlaw. org. uk, 2015 - 8 - 8.
② Jacqui Smith MP, " Home Secretary's speech：Protecting rights, protecting society" http：//press. homeogov. uk/Speeches/home - sec - protecting - rights, 2015 - 8 - 8.
③ Surveillance：Citizens and the State. HL Paper No. 18 - I (Session 2008/09), para. 212. http：//www. publications. parli - ament. uk/pa/ld200809, 2015 - 8 - 8.

疑人有罪的情况下对嫌疑人的 DNA 数据进行存储。①

二、DNA 数据库在美国的建设与发展

认识到 DNA 在打击犯罪方面所起到的高效和精确作用，美国国会在 1994 年通过了《美国 DNA 鉴定法》，该法案授权 FBI 建立一个 DNA 检索系统（CODIS, Combined DNA Index System）以作为一个收集了全美已决罪犯的 DNA 图谱的综合数据库。FBI 国家 DNA 数据库管理中心成立于 1994 年，其与 FBI 国家 DNA 实验室是并列机构。其数据库应用软件称为 CODIS，是目前世界上 DNA 数据库领域内最著名的应用软件，全球已经有包括中国香港在内的超过 32 个国家和地区使用 CODIS。FBI 从 1990 年开始研发 CODIS 应用软件，耗费 4 年时间开发成功，目前在美国共有超过 183 个 DNA 实验室安装使用该软件，真正实现了全国联网。该软件也随着技术进步和社会发展不断升级，目前已经升级到 5.7.4 版。CODIS 系统是一个庞大的系统，其也分为三级，即国家、州以及地方，它能够使数据在这三级之间以网络的形式交换以及比对。此外，美国国家 DNA 数据库具有一只庞大的高素质的专业 DNA 数据库管理队伍，数据库管理人员目前已经超过 2000 人，且该批人员均是经过了严格的筛选，并且通过了 FBI 数据库管理中心的考核并且备案后持证上岗，确保了数

---

① 容若："全世界最大 DNA 数据库侵权 无罪民众档案将被删除"，载《中国档案报》，2010 年 1 月 11 日第二版。

据库的高效运行。①

从1994年以后，美国各州均开始立法采集被拘捕人员的DNA样本进行建库。美国政府在DNA数据库的建设上投入了大量的财力。在1996年至2000年，美国国会拨付2500万美元给FBI以执行1994年的《美国DNA鉴定法》所确立的目标；在2001年至2004年度，国会拨付了1.7亿美元给政府执行2000年的《美国DNA分析延迟消除法》。此外，2004年的《戴比·史密斯法》（Debbie Smith Act of 2004）又获得了从2005年财年到2009年财年每年1.51亿美元的资助。②截至2010年，全美有24个州立法通过规定只能从特定重罪案件被捕者身上提取DNA样本；12个州和联邦政府允许从所有重罪案件的被捕者身上提取DNA样本。在这些州中，只有8个州会自动删除DNA样本信息，而17个州是根据请求删除，在特定案件中，还需要经过执法部门的审酌。③但是，美国当前也面临大量DNA样本积压而无法检测的情况。根据最近披露的数据显示，目前全美约有40万个"强奸证据包"（包括案发后收集的头发、指甲、体液及血液标本等）未经犯罪实验室检测，无法为受害者提供生物学证据。这些依照

---

① 葛百川、王海鸥、陈连康等："赴美考察DNA数据库及DNA实验室的情况介绍"，载《刑事技术》，2010年第3期。

② Kimberly A. Polanco, Constitutional Law—The Fourth Amendment Challenge To DNA Sampling of Arrestees Pursuant to the Justice for All Act of 2004: A Proposed Modification to the Traditional Fourth Amendment Test of Reasonableness. 27 U. Ark. Little Rock L. Rev. 483 (2005).

③ Erica Solange Deray, The Double-helix Double-edged Sword: Comparing DNA Retention Policies of The United States And The UniteD Kingdom, 44 Vand. J. Transnat'l L. 745 (2011).

程序储存的"强奸证据包"大部分被滞留在了警察局，从未提交给实验室进行测试。①

值得一提的是，美国 DNA 数据库的建设和发展一直伴随着公众的警惕和质疑。近年来，美国社会舆论和理论界关于 DNA 数据库讨论的重点也集中在 DNA 数据库对公民权利的侵犯上，公众并不否认 DNA 数据库在刑事司法领域所发挥的巨大作用，但是又对它所造成的潜在危害充满了忧虑，DNA 数据库也由此而被美国学者戏称为"双螺旋双刃宝剑"。②

三、DNA 数据库在其他国家与地区的建设与发展

除了英国和美国外，自 20 世纪 90 年代开始，许多国家的政府也都基于打击犯罪的需要，积极建立或扩充本国公民 DNA 数据库。在德国，其 DNA 样本允许采样及储存的法律依据均来自成文法的规定，《德国 DNA 鉴定法》第 3 条规定，依照该法第 2 条所取得的 DNA 样本允许被"储存"在该国联邦刑事局。又依据《德国刑事诉讼法》第 81 条 a 或依同法第 2 条所取得的 DNA 样本，按照联邦刑事局组织法可以被"处理"及"使用"。但是，《德国联邦刑事局组织法》第 8 条也做出规定："当有可罚行为嫌疑的被告及个人因为行为的种类及实行、当事人的个人特质或其他的认知，而有

---

① 梁坤："美强奸案积压源于无检测费"，http://www.legalweekly.cn/index.php/Index/article/id/4646，2015/8/3.

② Erica Solange Deray, The Double-helix Double-edged Sword: Comparing DNA Retention Policies of The United States And The UniteD Kingdom, 44 *Vand. J. Transnat'l L.* 745 (2011).

理由认为应该对他实行刑事诉讼程序时,联邦刑事局可以将审判职务上措施实行时所提出的关于个人资料存入总部的资料中或加以改变或使用。"① 也就是说,无论是依据《德国刑事诉讼法》第81条a、c、e规定,或是《德国DNA鉴定法》第2条、第3条规定所取得的DNA样本,只要是对刑事诉讼程序的实施有必要,都可以将其样本储存于联邦刑事局当中。随着《德国DNA分析资料设置命令》的公布施行,自1998年开始,德国的DNA样本分析数据就开始储存在隶属于联邦刑事局总部之下的DNA数据库中。

在新西兰,20世纪90年代早期利用DNA证据所侦破的两个引起较大轰动的性侵害案促成了该国DNA数据库的建立。1996年8月,新西兰警方协同研究机构共同建设新西兰DNA数据库。1995年通过的《新西兰刑事侦查(血液样本)法》授权警方可在遵循严格的标准之下收集血样中的DNA信息并存储至DNA数据库。在上述法案中,血样由犯罪嫌疑人主动提供,在特殊案件中,高等法院也可决定强制提取犯罪嫌疑人身上的血样以与某个具体案件进行比对。此外,所有已决犯和被提起公诉的被告都必须向DNA数据库提供一份DNA样本。尽管新西兰考虑到DNA数据库对公民权利的潜在影响,在DNA数据库的建设规模上也做了限制,并规定自愿提供样本的公民可以随时要求删除自己的信息。但尽管如此,除了刑事案件的嫌疑人、被告人和已决犯的信息外,新

---

① 吴俊毅:"德国刑事诉讼程序中DNA鉴定相关规定之介绍(下)",载《军法专刊》,2001年第3期,第12-14页。

西兰的数据库仅收集自愿提供 DNA 信息的公民就超过 13 000 人。①

在加拿大，国家 DNA 数据库正式建立于 2000 年。2005 年，加拿大进一步扩大了 DNA 数据库的规模，允许从 2000 年 6 月 30 日前因谋杀、误杀以及性侵案被判刑的已决犯身上提取 DNA 样本进入数据库。和新西兰一样，加拿大强制采集 DNA 样本也需要经过法院的授权，在很多案件中，法院都授权执法机构从已决犯身上提取 DNA 样本。但在法院认为"DNA 采样是以一种与公众利益严重相称的行为侵犯公民的隐私权和安全感"，将拒绝授权。在 R. v. R. C 案中，一个未成年人在他母亲将脏衣服扔到他的身上后用笔刺伤了他母亲的脚而被起诉使用武器攻击罪，该未成年人做了有罪答辩。在考虑是否从该未成年身上提取 DNA 样本时，法院的法官充分考虑了 DNA 样本提取的目的与未成年人刑事司法之原则的平衡而拒绝签发 DNA 采集令状，上诉法院支持了该判决。这个判决标明，授予法官审查 DNA 采样的可行性与必要性的权力是明智且适当的。②

除了上述国家，1997 年，奥地利、荷兰成功设立国家刑事 DNA 数据库；1999 年芬兰、挪威成立国家刑事 DNA 数据库；比利时、丹麦及瑞士亦跟随此潮流在 2000 年立法提议设

---

① SA Harbison et al., The New Zealand DNA Databank: Its Development and Significance as a Crime Solving Tool, 41 *Sci. & Just.* 33, 34 (2001).

② DNA Data Bank, Pub. Safety Can., http://www.publicsafety.gc.ca/prg. 2015 – 8 – 8.

立国家刑事 DNA 数据库。[①]

国际刑警组织也发现了 DNA 证据在刑事案件侦破所发挥的日益重要的作用，并由此而创设了被称为"DNA 门户"（DNA Gateway）的制度，各成员国的警察可将所采集的来自本国违法者、犯罪现场或不明尸体上的 DNA 信息存入国际刑警组织的 DNA 数据库。该制度同时规定，成员方拥有自己所提供的 DNA 信息的所有权并有权决定是否允许其他国家使用这些信息，并且，成员方也可依据本国法律的规定销毁存入该数据库的上述 DNA 信息。"DNA 门户"的运转非常成功，经过首个 6 年运行，在 2009 年，该数据库已经有 55 个成员方提供的超过 10 万份 DNA 信息，并建立了供成员方访问的 74 个国际网络节点。[②]

四、考察结论

通过对上述国家 DNA 建设状况的考察，我们不难发现，构建一个覆盖广、总量大的生物信息库体系对一国刑事案件的侦查具有极大的作用，能够显著提升侦查效率。因此，在这种侦查利益的推动下，尽管建库性人体采样因对普通公民的权利造成极大威胁而饱受争议，但许多国家仍基于打击犯罪的目的而积极着力于构建本国的生物信息库，随之而来的以提取公民个人生物信息为目的而进行的采样行为自然也就

---

① 唐淑美："刑事 DNA 资料库之扩增与隐私权之探讨"，《东海大学法学研究》，2005 年第 12 期，第 89、106 页。
② Interpol, COM/FS/2010 - 09/FS - 01, DNA Profiling 1, http://www.interpol.int/Public/ICPO/FactSheets/FS01.pdf. 2015 - 8 - 8。

难以避免被频繁使用。这种矛盾毫无疑问也是人权保障与打击犯罪之间冲突的一种体现，因此也成为了各国刑事司法领域近年来面临的一个新问题，许多国家也在积极寻求解决路径。概括来看，主要有以下几种趋势。

(一) 普遍重视 DNA 数据库的立法建设

DNA 数据库在刑事司法领域所发挥的重要作用，日益为越来越多的国家所发现，越来越多的国家开始积极建设本国 DNA 数据库，或是在原有规模上加大建设力度。但是，也不难发现，这些国家在建设 DNA 数据库的时候都是采用的先立法后建库的模式进行推进。如在英国，拥有全世界规模最大的 DNA 数据库，然而该数据库的建立和每一次扩增都是在立法对警察机关作出明确授权的前提下实现的。根据 1984 年的《英国警察与刑事证据法》，英国警察有权在取得志愿者同意的情况下从医生那里获取一份血液样本进行 DNA 检验以调查严重犯罪。但由于缺乏必要的法律授权，当时法庭科学 DNA 技术的作用仅限于单一的样本比对。1993 年，英国皇家刑事司法委员会建议建立一个法庭科学 DNA 数据库。1994 年，英国制订了《英国刑事审判与公共秩序法》(*the Criminal Justice and Public Order Act*, *CJPOA*)，该法的制定为英国法庭科学 DNA 数据库的建立奠定了法律基础。此后，由于该数据库在打击犯罪方面取得了一系列惊人的成就，英国立法机构又通过 1997 年、2001 年、2004 年等数次修订法律的活动，扩大了警察提取和保留 DNA 样本的权力。在德国，在 1997 年以前，警察对被指控人进行身体检查和验血的法律依据是《德国刑事诉讼法》第 81 条 a，然而，第 81 条 a 是否授权警察采集被指控人的生物样本进行DNA分析是一个存有疑义的问题。德国1997年修正的《德国刑事诉讼法》增订了第81条e（分子遗传学上的调查）和第81条f（分子遗传学上的调查之命令与实施），但这两个条款并不是建立DNA数据库的法律依据。此后，德国又通过《德国DNA鉴定法》和《德国联邦刑事局组织法》规定可以对"被告"实施DNA分析，此后，随着《德国DNA分析资料设置命令》的公布施行，自1998年开始，德国才在1998年正式建立了自己的DNA数据库。在加拿大，2000年6月制定的《加拿大DNA鉴别法》授权政府建立国家DNA资料库之后，才正式建立其国家DNA数据库。我国台湾地区也是如此，虽然自"白晓燕命案"发生之后，台湾地区"调查局"即奉"法务部"的命令开始筹建DNA数据库，但由于当时并没有相关立法，所以这一行为遭到人权团体的反对，导致数据库筹建活动停滞不前。直至1999年台湾地区"去氧核糖核酸采样条例"正式实施之后，DNA数据库才正式建立起来。[①] 这种立法先行的DNA数据库建设方式也应当给我们以启示，DNA数据库涉及国家公权力的动用和公民基本权利的限制，不能简单地将DNA数据库作为一种纯技术层面的"技术手段"，必须加强立法建设，以防止公权力被滥用。

（二）普遍重视公民的隐私权保障

如上文所述，DNA数据库虽然有利于实现刑事诉讼打击

[①] 参见唐淑美："刑事DNA资料库之扩增与隐私权之探讨"，载《东海大学法学研究》，2005年第12期。

犯罪的功能，但同时有可能对公民的隐私权构成严重威胁。也正因此，各国政府大规模建设本国 DNA 数据库的行为也招致了众多质疑，比如在 1990 年代美国即有学者称其为"不受限制的、政府资助的生物入侵"，因此而呼吁立法机关，"一定要确保执法技术的发展不会损害普通公民的隐私权。"[1] 近年来，这种采样对公民隐私权构成的侵犯更是日益凸显，以至于有法学专家、社会学家和医学专家批评 DNA 数据库是一个潜在的"监视怪物"，是"向专制社会前进的第一步"，它使每个公民变成了"国家的嫌疑人"，从而在根本上改变了政府和公民的关系。[2] 鉴于这种情况，近年来各国在 DNA 数据库的价值取向上开始越来越重视公民隐私权的保障，分别通过在立法中限定入库 DNA 样本的采集对象、控制 DNA 信息的使用范围、明确 DNA 分析结果以及 DNA 样本的储存和销毁的时间以及确立接触 DNA 信息者的保密义务等方式来实现对 DNA 信息提供者的隐私权保障。

（三）普遍重视 DNA 数据库的监督机制设置

为了避免掌控和使用数据库的权力过分集中，以致对公民权利造成不必要的侵害，法治发达国家和地区都非常注意强化对数据库的监督和制约，以不同方式对 DNA 数据库的使用进行监督和制约。加拿大于 2000 年初成立了国家 DNA 资料库咨询委员会（the National DNA Data Bank Advisory Com-

---

[1] Michael J. Markett, Genctic Diaries: An Analysis of Privacy Protection in DNA Data Banks, 30 *Suffolk U. L. Rev.* 185, 189 (1996).

[2] See Kate Beattie, "S and Marper v UK: Privacy, DNA and Crime Prevention", E. H. R. L. R. 2009, 2, 229 – 238. 233 (2009).

mittee），该机构为独立机构，主要职责是对国家 DNA 资料库运行的有效性和安全性进行监督，以及针对国家 DNA 资料库的建立与运作定期向加拿大皇家骑警提供建议。[①] 在英国，为了避免掌控数据库的权力过于集中，英国的国家法庭科学 DNA 数据库管理机构由主管机关、策略委员会和执行单位三个机构组成。其中，主管机关隶属于内政部，主要负责制定标准作业程序以及核准监督各个实验室。策略委员会由内政部、英国警察首长联席会、警察协会以及人类遗传学会委员会组成，主要负责监督 DNA 资料库的运作情况以及资料使用情况。执行单位是法庭科学服务中心，主要负责受理、登录 DNA 型别以及查询比对 DNA 资料等相关事宜。[②] 在美国，坚持比中复核制度，当 DNA 数据库有比中后，须对比中人员的指纹等身份信息进行核对，同时需要对现场生物物证进行重新检验，并重新采集人员样本进行复核鉴定，待复核鉴定结果认定同一以后才告知办案单位鉴定结果，并明确要求其核对相关信息后应用。[③]

而在我国，DNA 数据库的建设似乎被视为侦查机关内部的"工作机制创新"、是"自家事"，在没有相关立法授权的情况下就如火如荼地建设并应用了起来。随着法制的不断完善，公民权利意识的不断增强，我国 DNA 数据库存在的一些

[①] 唐淑美："加拿大国家 DNA 资料库之隐私权探讨"，载《中央警察大学警学丛刊》，2007 年第 2 期。

[②] 罗元雅、柳国兰、程晓桂："欧美刑事 DNA 资料库简介"，载《刑事科学》，2007 年第 62 期。

[③] 葛百川等："赴美考察 DNA 数据库及 DNA 实验室的情况介绍"，载《刑事技术》，2010 年第 3 期。

问题及隐患不断显现出来,对此下文将有详述。上文对其他国家和地区 DNA 数据库建设状况的考察以及这些国家和地区在 DNA 数据库建设上的共同发展趋势无疑能够为我们提供借鉴。

第三节 DNA 数据库在我国的应用

一、DNA 数据库在我国的建设与发展

我国 DNA 数据库的建立与发展经历了一个较长过程。早在我国 1989 年的 DNA 指纹图技术成果鉴定会上,当时就有法医学专家、公安部及科技部的领导提出过建立"DNA 指纹数据库"的设想和建议,但后来因为 DNA 指纹技术的局限性,无法标准化而无法建立"DNA 指纹数据库"。自 20 世纪 90 年代中期以后,随着 PCR – STR 技术的逐渐发展,尤其是荧光标记的复合扩增方法的发展,以 ABI – 310 等为代表的基因分析仪的问世,效率低下的银染检测分型方法逐渐被自动分型技术所代替,使得我国公安机关 DNA 数据库的建立具备了技术条件。1998 年,司法部司鉴所申请了"中国犯罪 DNA 数据库模式库"项目,在这个项目中,司鉴所共检验了 2500 名罪犯的 13 个 STR 基因座,并开始对其获得的遗传资料进行了统计学分析,[1] 由此揭开了国内大规模建立 DNA 数

---

[1] 杜志淳等:"中国'罪犯 DNA 数据库'模式库——13 个 STR 位点基因在中国人群中的分布",载《法医学杂志》,2000 年第 1 期。

据库的序幕。与此同时，各地公安机关，如北京市公安局、上海市公安局、广州市公安局、江苏省公安厅等均在当地政府或上级公安机关的支持下积极利用PCR-STR荧光标记复合扩增技术来开展本地DNA数据库的建设。1999年，公安部立项进行了法医DNA检验标准规范方案的制定，并在此基础上建立北京市法医DNA数据库，该数据库由未破案件的现场生物检材库、犯罪嫌疑人DNA分型数据库、失踪人员库和打拐数据库几部分组成。[1]

公安机关第一次跨地区大规模的将DNA数据库用于刑事案件的侦破是在2000年全国开展的打击拐卖妇女儿童专项斗争中。在这个专项行动中，公安部决定利用DNA亲缘关系的比对来查找被拐卖儿童及妇女的身份。公安部在公安部物证鉴定中心、北京市公安局、辽宁省公安厅及广州市公安局分别建立4个区域性的打拐样本DNA检验中心，并将4个检验中心的DNA数据通过网络传输后进行比对。专项行动开始以后，在短短的三个月的时间内就检验并入库了39 000多名打拐儿童样本及9000多名被拐儿童亲属样本，其中有418名打拐儿童找到了亲属，专项行动取得了巨大的效果。DNA数据区域联网进行比对的工作模式初战告捷，从而为以后全国联网的公安机关DNA数据库的建立打下了坚实的基础。

为了加快全国联网的公安机关DNA数据库的建设与发展，公安部五局在2003年召开的DNA专家讨论会上提出了"统一领导，统一标准，分布实施，资源共享，效益为先"

---

[1] 刘雅诚等："法医DNA数据库初见成效"，载《刑事技术》，2003年第1期。

的指导方针，并且明确提出了法庭科学DNA数据库由公安机关负责建立，而且要在全国统一数据库软件、统一建库方法，确保资源能够共享。会后，公安机关DNA专家工作组成立，并陆续制定并颁布了"法庭科学DNA实验室规范"、"法庭科学DNA实验室检验规范"、"法庭科学DNA数据库建设规范"等一系列公共安全行业标准。2004年，公安部下发了"2004—2008全国公安机关DNA数据库建设规划"，明确了公安机关DNA数据库建设的指导思想、保障措施及主要任务，从宏观上规划DNA数据库的发展。同时，公安部于2005年5月下发了"全国公安机关DNA数据库建设任务书"，将DNA数据库的建设以工作任务的形式予以固定，并明确了各级公安机关对于DNA数据库的职责、目标、工作要求及建库任务。

另一方面，公安部随即着手解决DNA数据库技术方面的存在的问题。在国家"十五"期间，由辽宁省公安厅承担的"法庭科学DNA数据库关键技术的研究"即被列入攻关课题，其通过含有7500份现场样本与30 000份人员样本规模的模拟DNA数据库来研究并确立了DNA数据库的关键技术并成功研制网络版的DNA数据库应用软件。2003年4月，DNA数据库系统软件在全国24个省市开始试运行。2004年10月，被公安部指定为唯一软件的中国法庭科学DNA数据库系统软件首批在全国25个省市的85个DNA实验室安装运行，并实现了全国联网。从此以后，全国公安机关DNA数据库迅速发展，无论是数据库规模还是破案效益均发生了巨大的变化。如前文所述，截至2013年8月31日，DNA数据库数据总量达到2242.2万条，数据总量稳居世界第一位；2012年直接认定刑事案件涉案人员数和案件数分别为8.9万人、9.3万起；现场生物物证DNA信息入库比中率达到23.59%，违法犯罪人员DNA信息入库比中率达到1.41%。①

基于数据库分析的DNA证据作用显示：（1）DNA证据的综合应用效能高，在破案和串并案件中的有效利用率接近50%（2011～2014年，比中率分别为59.5%、49.8%、45.1%和44.5%，平均为49.7%）；（2）在刑事案件中，特别是在强奸、杀人案件中DNA证据具有不可替代的作用，两类案件中比中率平均为71.1%和62.1%，远高于平均水平；（3）DNA证据在打击职业性犯罪中的作用越来越显著，2011～2014年的盗窃案件物证DNA数量增长了124%，比中数量提升了55.3%；（4）非刑事案件对DNA证据的需求逐年显著增长，毒品类犯罪物证数量增长了477.3%，所占比例从2011年的0.4%提高到2014年的1.7%，比中数量提升了378.6%。② 可以说，DNA数据库成为公安机关在动态化、信息化条件下精确高效打击犯罪的重要科技支撑。

从案件类型来看，DNA比对主要集中在性侵害、故意杀人以及盗窃几类案件上。笔者对我国南方某沿海城市公安机关2014年利用DNA证据侦查案件情况进行了统计：该市公安机关在2014年运用DNA检材提取措施侦破了112起案件，

---

① 张怀才著：《试述我国公安DNA数据在侦查中的应用与展望》，华东政法大学2014年硕士学位论文，第11页。
② 刘冰："基于数据库分析的DNA证据作用评价"，载《刑事技术》，2015年第3期。

其中故意杀人案 19 起；抢劫强奸案（即在一案中同时实施抢劫、强奸两种行为）63 起；轮奸案 9 起；盗窃案 21 起，其分布比例见图 5-1。

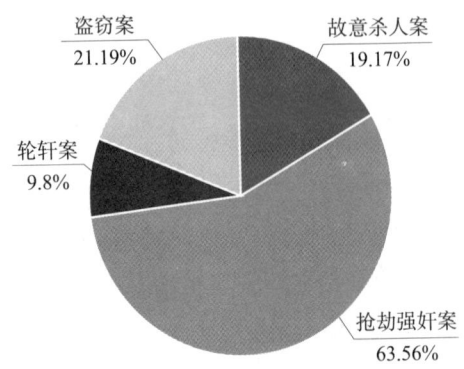

图 5-1 我国南方某城市公安机关 2014 年利用
DNA 证据侦查案件情况统计图

从上图显示情况可知，在 DNA 技术运用的几类常见案件中，又以在性侵害类案件的侦查中运用最多（综合比例占 72%），单纯的盗窃案最少（仅占 21.9%）。其原因主要在于性侵害案件的现场或被害人体内遗留有生物样本（毛发、精斑、唾液等），只要刑事侦查人员及时赶赴现场，往往能从现场采集到与犯罪嫌疑人相关的生物学证据，如犯罪嫌疑人遗留的血痕、精斑、唾液、毛发等。而通过对所提取的检材进行 DNA 分析比对后一般能在第一时间快速定位（排除）犯罪嫌疑人。

综上可知，DNA 数据库已成为我国公安机关在动态化、信息化条件下高效打击犯罪，维护司法公正的重要科技支撑。

二、我国数据库应用中存在的主要问题

我国 DNA 数据库在建设和运行中也暴露了一些问题，概括来看，主要有以下几个方面。

（一）立法建设未及时跟进

从上述域外立法考察情况来看，DNA 数据库的建设和应用可能侵犯公民的基本权利，因此域外一般采取先立法、后建库的方式进行推进本国 DNA 数据库的建设。但在我国，DNA 数据库运行已经超过 10 年，至今未有立法。尽管全国各级公安机关推动相关规范和标准化工作，先后制定了《公安机关 2009—2013 年 DNA 数据库建设规范》和《法庭科学 DNA 数据库建设规范》，为推动 DNA 数据库的规范化提供了依据，许多地方公安机关也在上述文件的基础上，制定了地方 DNA 数据库建设实施方案，但这些文件大多属于从技术规范的层面制定的行业规范或内部管理规定。而对于 DNA 样本的采集办法、DNA 数据库的管理办法、DNA 数据库在刑事诉讼中的适用范围等还没有制定完备的法律规范。

（二）片面重视犯罪控制功能

为实现法庭科学 DNA 数据库在维护国家利益与保护公民个人权利之间合理的比例和平衡关系，域外主要法治国家在推进本国 DNA 数据建设时，一方面重视 DNA 数据库打击犯罪的作用，另一方面强化对公民权利的保护，尽可能实现法庭科学 DNA 数据库在控制犯罪与保护公民个人权利之间的平衡。反观我国 DNA 数据库实践，公安机关关注的仅仅是如何

利用数据库更加有效地提升侦查效率,而对于在数据库建设和运用过程中如何实现对公民个人权利的保护几乎没有给予关注。这一价值取向导致了 DNA 数据库在控制犯罪与保障人权方面出现了严重的价值失衡。

以采样方式为例,域外主要法治国家为了避免对公民权利造成不必要的侵害,根据必要性原则的要求,规定在采集 DNA 生物样本时,一般应当采用对公民权利损害较小的非侵入式采样和非隐私采样,只有在采取这两种方式无法实现预期目标时,才能实施侵入式采样和隐私采样。而我国公安机关在提取样本时仅仅考虑提取工作的便捷性,根本不考虑采样行为可能对公民权利造成的侵害。公安部物证鉴定中心起草的《法庭科学 DNA 数据库建设规范》并未对采样方式提出明确要求,根据该规定,采样方式既可以是抽取血样,也可以是提取口腔拭子。[①] 再以采集对象为例,如前所述,西方国家为避免数据库规模过大,对公民权利造成不必要的威胁,规定 DNA 信息纳入数据库的犯罪只能是有可能在案发现场遗留 DNA 信息的犯罪,DNA 信息纳入数据库的人员只能是已决犯。反观我国,公安机关在界定数据库的入库对象时考虑得更多的是强化数据库打击犯罪的功能,因此尽可能扩大数据库的规模,并未对入库对象作过多限制,各地公安机

---

① 参见《法庭科学 DNA 数据库建设规范》第 8 条第 1 款 "检材的提取、保存和送检" 之规定。

第五章　DNA 数据库的应用与完善

关对于 DNA 检材采集①的热情非常之高，各地纷纷出台 DNA 样本进行采集的硬性规定，采集对象范围普遍非常宽泛。比如：南京市公安局出台规定，对于"七类人"② 必须采集 DNA 样本，其他条件人员则"尽量采集"，并且通过多种方式鼓励干警的采集热情，"市局还大力宣传、表彰因工作负责、采样及时而导致破案的基层民警，对凡因采集 DNA 突破大要案件的，市局都直接奖励到最初采集的民警。上述举措不仅强化了基层民警利用 DNA 数据库破案的意识，也较大调动了基层民警的采样积极性，在全局范围内形成了'多采多破案、破难案'的良好氛围。"③ 广东则在 2009 年 8 月开始对辖区内娱乐场所的从业人员全部进行照片、身份信息、指纹、DNA 和笔迹"五提取"，而后再对没有违法犯罪前科的人员发放《娱乐服务场所从业资格证》，并持此证上岗。目前仅白云区下辖的棠景派出所就已对辖区内 118 间公共娱乐服务场所和特种行业的 4233 名从业人员进行了"五提取"。④ 这种大规模的、几乎不需要理由的 DNA 采集行为，与国外对

---

① 根据笔者所了解的情况，尽管 DNA 鉴定的生物源物证主要有血迹、血液、毛发、精液、精斑、组织等所有含人体有核细胞的生物源物证，但是由于鉴定技术的原因，各地公安机关目前主要是以采集血液样本的方式进行 DNA 鉴定。

② 所谓"七类人"，是指：人民法院审判定罪的罪犯，依法被劳动教养、收容教养的人员，依法被行政拘留或者因实施违反治安管理或者出入境管理行为被依法予以其他行政处罚的人员（被当场做出治安管理处罚的除外），依法被强制戒毒的人员，依法被收容教育的人员、依法被拘传、取保候审、监视居住、拘留或者逮捕的犯罪嫌疑人，依法被继续盘问的人员。

③ 宋敏："南京市 DNA 数据库的建设"，载《中国刑事警察》，2008 年第 2 期。

④ 王普："广州娱乐场所从业者提取 DNA 后方可上岗"，http：// www. gd. chinanews. com. cn/，2015 - 8 - 8。

DNA 样本采集的严格限制形成了鲜明对比。

而在隐私权保障上，我国公安机关 DNA 数据库均同时记录被采样者的身份信息与 STR 信息，以便在出现对比成功的情况下，及时获取嫌疑人身份信息，有利于更好地发挥数据库的破案功能。根据公安部科技强警信息建设要求，数据库存储与 DNA 鉴定相关联的人员及案件的自然信息，如人员、案情、物证，等等，目的是将 DNA 信息与其他公安信息系统相关联，充分利用信息作用串并案件。这种情况下，公安机关很容易就掌握了被采样者的完整身份信息，在未建立相应保密义务规定的前提下，这些信息有可能泄露而侵害 DNA 信息提供者的权利。由于 DNA 检测的 STR 遗传信息中包含人体遗传信息，其信息如果保存不当，或执法人员滥用权力、疏忽大意，则可能给当事人的生活带来诸如基因歧视等隐患。比如，某些保险公司可能因为知道其投保人、被保险人存在发生某种疾病的高概率风险而拒绝投保，或者收取高额的投保费用。[①]

（三）内部质量控制薄弱

公安机关 DNA 数据库应用的关键是准确、快速、流畅以及高效的比对。但是在目前公安机关 DNA 数据库的检索比对中却出现了各种各样的问题，比如信息录入不畅通，比对排队现象严重，比中通报下发不畅，数据上报模式有问题导致

[①] 陈邦达："DNA 数据库：实践、困惑与进路"，载《北京理工大学学报（社会科学版）》，2013 年第 1 期，第 117 页。

上报过程中数据丢失等。造成这些问题的原因主要是 DNA 数据库的国家库运行不畅。DNA 数据库软件从开始在全国范围内使用至今已近 10 年，当时是按照 100 万数据的容量来设计软件的，所以在数据库的设计模式及比对模式上均是按照 100 万的量来考虑的。但是，近年来，全国公安机关 DNA 数据库的数据量剧增，目前已经超过 2200 万条，超出了设计上限 22 倍，其软件系统的设计与目前数据库容量的矛盾十分突出。此外，国家库还没有一个能实时满足需要的硬件系统，以支撑全国数据的运行，经常发生由于硬件条件不佳的运行障碍。在个别省、市，DNA 数据库的比中通报大多是由 DNA 实验室主任或者检验者随意查看，而对于后续的一系列工作，比如比中信息的研判、发布、比中人员的复核检验、异地信息交换以及反馈办案单位等，则处于无专人管理或者管理人员并不能胜任该工作的情况。[①] 质量控制机制薄弱，使得 DNA 数据库在实践中面临了较为尴尬的局面。

（四）外部监督制缺乏

任何公权力的运行，都应受到有效监督，这是现代权力运行的基本原则。就我国公安机关 DNA 数据库的构建和运行来看，显然缺乏有效监督机制。如上所述，根据公安部于 2003 年颁布的行标《法庭科学 DNA 数据库建设规范》的规定，我国公安机关 DNA 数据库采用国家库、省级库及市级库的三级模式。市级库建于各地市级公安机关，主要负责本地

[①] 参见姜先华：“我国法庭科学 DNA 数据库管理与应用中的有关问题”，载葛百川主编《DNA 数据库建设应用成果与展望 II——第二届全国公安机关 DNA 数据库建设应用研讨会论文集》，中国人民公安大学出版社，2011 年版。

DNA数据的录入、存储及比对；省级库建于各省级公安机关，主要负责本级DNA实验室数据的录入、存储与比对，并定期将接收到的本省所辖市级库的DNA数据及本实验室数据上报至国家库。国家库建于公安部，其主要功能是接受各省级库上报的数据并完成比对。这样对DNA数据库进行分级的最主要的目的并不是为了实现对数据库的监督，而主要是为了实现DNA数据的汇总与比对。这三级库均存在于公安机关内部，均由公安机关进行建设和管理，外界根本无法了解DNA数据库的建设和应用状况，更别说进行有效监督了。

（五）经费保障不足

DNA数据库的建设和运行需要投入大量的资金，上文考察的美国政府在DNA数据库上的巨额投资就是一个典型例证：为了资助美国联邦DNA数据库的运行，在1996年至2000年，美国国会拨付2500万美元；在2001年至2004年度，国会拨付了1.7亿美元；2005年至2009年财年，国会每年拨付1.51亿美元。[1] 在我国，据有关调查显示，目前侦查中利用DNA数据库检测一名犯罪嫌疑人的成本约为50元人民币。内地一个地级市公安局建立DNA数据库投入在实验室配套设备、技术人员、配置等方面的耗费将近120余万元。沿海地区投入的人力、物力还要更多。[2] 可以预期，在我国，

---

[1] Kimberly A. Polanco, Constitutional Law—The Fourth Amendment Challenge To DNA Sampling of Arrestees Pursuant To The Justice For All Act of 2004: A Proposed Modification To The Traditional Fourth Amendment Test of Reasonableness. 27 U. Ark. Little Rock L. Rev. 483 (2005).

[2] 陈邦达："DNA数据库：实践、困惑与进路"，载《北京理工大学学报（社会科学版）》，2013年第1期，第117页。

DNA数据库的建立及其在全国的推广，需要一笔雄厚的资金作为支撑后盾。而当前，个别地方的DNA数据库由于缺乏持续的资金资助，已经暴露出DNA实验室基础设施和人员配备条件有限的问题。例如，实验室空间无法满足域检测需求，设备未能及时更新换代，无法满足检测的质量和效率的要求等。

三、我国DNA数据库制度的完善思路

完善DNA数据库制度是保障我国DNA数据库合法高效运行的关键所在，而完善DNA数据库制度的前提在于相关立法的完善。DNA数据库制度的立法实际上是属于DNA证据相关立法的一个部分，它应当纳入DNA证据的立法的总框架内予以完善，对DNA证据相关立法的总体思路，笔者在前文已有详述，在此不再赘述。笔者在此仅对立法中应体现的总体思路略作阐述。

（一）提升DNA数据库的立法位阶

如上所述，我国当前在DNA数据库的建设和管理上，不是没有规范，但均为部门内部的技术操作性规范，未上升到国家法律层面，因此缺乏立法原则、立法目的的设定，未考虑与其他法律法规的配合与联动，上述问题的存在制约了DNA数据库的发展和应用。党的十八大召开以来，我国依法治国的进程开启了全新的发展阶段，而刑事证据规则的完善是这个"良法善治"伟大进程中的重要一环，在这种背景之下，DNA数据库的立法规范具有现实必要性。笔者认为，可以仿照其他国家和地区的做法，在我国制定《DNA信息管理

法》，该法立足于保障公民的基因隐私权，同时为执法部门基于正当理由使用公民的 DNA 信息提供法律依据，该法应对 DNA 数据信息的获取、管理、利用、销毁以及违法使用的否定评价做出具体规定。在该法中，应当设专章规定"DNA 数据的建设与应用"，系统性地对 DNA 数据库的建设和运用中的具体问题做出统一规定，从而提升 DNA 数据库的立法位阶，推进 DNA 数据库的规范建设和应用。

（二）限定 DNA 数据库的数据采集范围

DNA 数据库的入库范围是否合理与 DNA 数据库的破案效益以及对公民基本权益的保证息息相关。如上所述，当前我国 DNA 数据库入库信息的范围过于宽泛，基本上是，只要提取到的 DNA 信息，无论来于何处，都会置于数据库之中。从保障合法权利的角度出发，这种做法应当反思。未来立法中，我国应对 DNA 数据的采集方式、采集对象做出限制性规定，应明确分为强制提取和自愿提供两种类型。对于采集方式，上文应有论述，在此不再赘述。对于强制入库的对象，笔者认为应严格限定为被追诉者（包括微罪不诉者与定罪免诉者）和已决罪犯，对于提取到的上述人员的 DNA 信息，应当强制入库；对于自愿提供 DNA 信息入库者，可以是任何普通公民，但是提供者必须书面签署协议，协议中可约定样本在 DNA 数据库的保留时间及销毁方式。

在此，还有两个问题需要探讨。第一，对于行政违法人员是否应当强制提取 DNA 信息入库？笔者认为，对此应当区别来看：对于"三类人"——因违反《治安管理处罚法》而被行政拘留者、因违反《禁毒法》而被强制戒毒者、因违反

《卖淫嫖娼人员收容教育办法》而被收容教育者，应当强制提取其DNA信息入库。之所以规定上述"三类人"的DNA信息强制入库，主要是从司法实践情况看，上述"三类人"往往社会背景复杂、具有人身危险性，是犯罪的高发人群，而我国现在尚处于犯罪高发期，从维护社会安定、预防犯罪的角度看，有必要强制保留其DNA信息。而对于其他行政违法者，在未经过其书面同意并自愿提供的前提下，不得将其DNA信息置入DNA信息库。第二，对于"撒网采验DNA"获得的案外无关第三人的DNA信息如何处理？笔者认为，除非经本人自愿，上述DNA样本和分析资料应当及时销毁，不能置入DNA数据库。此外，还有一点必须强调，坚决禁止各级、各部门为获取DNA数据库的入库信息而从医院体检部门秘密收集体检者的血液样本进行分析。

（三）强化公民个人信息保障机制

DNA数据库的运用与公民个人信息隐私权的保障息息相关，正如有学者所说，"没有比DNA更彻底暴露个人之所以为人的所有分子组合，而这也是成为人格的部分。它透露个人所有的深层隐私，其中包括我们的父系、母系、手足乃至于不为外人所道的遗传特征和生理缺陷。"[①] 就DNA数据库所涉及的公民个人信息的保护问题，完全可纳入我国正在制定的《个人信息保护法》的框架内予以思考。在信息网络飞速发展的今天，我国各种信息泄露事件层出不穷，信息买卖

---

① 林钰雄著：《刑事法理论与实践》，中国人民大学出版社，2008年版，第326页。

日益猖獗，个人信息滥用已经成为一种社会公害，个人信息安全面临严峻挑战①，也正因此，个人信息保护问题被提到了前所未有的高度，并被纳入立法计划。未来立法可通过对DNA数据库的用途②、信息销毁的期限、经手人员的保密义务、信息库管理部门职责等方面明确进行规定来防止DNA信息被滥用。第一，要禁止过度收集公民DNA信息，笔者上文对此已有详述，在此不再赘述。③ 第二，要禁止擅自使用公民DNA信息。应明确DNA信息只能服务于侦查中的人身识别、社会治安防控等情形，除此之外，不应使用此类信息。第三，要禁止擅自披露个人信息。在未获法律授权、未经本人许可的情况下，任何人机关和个人不得披露公民的DNA信息。第四，禁止以任何形式买卖个人DNA信息。第五，理顺自愿提供DNA信息者的信息销毁权的行使通道。此外，应当规定滥用DNA信息行为的制裁措施。有必要通过追究相关责任人员的行政责任、刑事责任对此予以保障。

---

① 王超："专家：加快个人信息保护法治化已成为互联网＋时代紧迫任务"，http：//www. legaldaily. com. cn/index/content/2015 － 08/04/content ＿6205010. htm? node = 20908，2015 - 8 - 8。

② 德国立法规定DNA分析只能为血亲认定或者确认犯罪痕迹、物证；禁止为分析精神、性格或疾病方面的人格特征或处理财产能力的目的，这种通过立法明确DNA数据库适用范围的做法，可以为我国今后立法所借鉴。

③ 近年来，在我国的网络上一直流传着一种声音，即"未来应规定新生儿上户时全面采集DNA信息和指纹信息，以遏制拐卖儿童行为"，笔者认为这种想法不无道理，建立一个"全民DNA数据库"对于强化社会治安防控、精细化人口管理具有显而易见的好处。但是，我们必须看到，在个人信息保护机制尚未完善、资金保障难以到位的情况下，上述想法不具有现实可行性，且与当代社会处于对政府权力滥用的警惕而抵制此类"扩权"行为的趋势相违。

（四）加强质量控制和监督机制建设

在质量控制方面，一是要提高技术装备和人员队伍建设，使数据库满足 DNA 检测的质量和效率的需求；二是要加强源头控制，健全防污染措施和相应的污染检测体系以防止 DNA 检材污染蜕变；三是要加强 DNA 鉴定机构的质量认证认可，保证鉴定机构具备 DNA 检测的资质，在机制层面规范化 DNA 实验室的等级评定和国家认证认可。

在强化监督机制方面，一是要改变"公安独管"的局面，逐步将 DNA 数据库的管理权移交给侦查机关以外第三方机关（如司法行政机关），或组建由多部门共同组建的 DNA 数据库管理委员会，联合行使管理权，以对 DNA 数据库的运行进行监管；第二建立 DNA 信息管理台账制度，确保 DNA 信息从采集、分析、入库、销毁各个环节都有详细记录，都有踪迹可查；第三是要将 DNA 数据库的管理和运行状况纳入年度政府工作报告，定期将 DNA 数据库的资金收支状况、出入库情况和使用情况（不包括具体公民的 DNA 信息）向人大常委会汇报，接受人大代表的监督和质询。

（五）保障建设和运行经费

如上所述，经费保障的不足使我国 DNA 数据库在建设和发展上遇到了困境，从而制约了其应用功能的发挥。因此，在未来立法时，可考虑对 DNA 数据库的建设及运行的经费来源和保障方式予以明确，必要时由中央财政以专项建设经费的方式予以补足，以保证数据库在全国的良性建设与发展。在经费得到保障的前提下，要尽快对目前的软硬件系统进行升级处理，同时需要做好数据库软件升级后的技术服务，使

DNA 数据库软件升级后的效果得到充分的应用,解决 DNA 数据库运行不畅的问题。

　　总之,我们一方面要看到 DNA 数据库存在的现实价值和加大建设力度的必要性,但另一方面再也不能将 DNA 数据库的建设和应用简单视为"技术性问题",而应将其提升到法律执行的高度来解决,只有在这个层面上看待 DNA 数据库的建设和应用,才又可能解决 DNA 数据库当前面临的一些法理和实践难题,推进 DNA 数据库的良性发展。

第六章　DNA 证据的鉴真

如上文所述，刑事司法活动中的核心问题，是如何认定真正的犯罪人。因此人身同一性认定一直是刑事科学技术发展的重要内容①，这些技术的发展同时又推动着证据制度的完善。在当前已应用于司法实践的认定人身同一性的技术手段中，DNA 鉴定技术无疑是准确率最高的一种。然而，作为一种技术依赖性较强的生物证据，DNA 证据应用于诉讼要经历检材（样本）取得—证据保管—实验室分析—提交报告等几个阶段，在这个过程中，任何一个环节出现问题，都会影响 DNA 证据的客观性、真实性和完整性。此外，DNA 属于不具有独特的自然特征与标记的证据，证据性状易发生变化且易于被替换，这使得通过简单的辨认无法判断呈现于法庭的 DNA 证据与实际来自于案件中的 DNA 检材（样本）是否具有同一性。从这个角度上讲，DNA 证据又是一种极易"失

---

①　从近现代刑事司法活动中人身同一性认定技术的发展来看，已经应用于诉讼实践的除了指纹识别、足迹识别、DNA 识别之外，还包括人体气味识别及耳纹识别。随着进一步发展，一些目前尚处于研究阶段的技术手段，譬如红外线成像、脑电波人身识别、皮肤光泽、静脉血管、人的手型、脸型、虹膜和视网膜、汗毛孔等也必将进入司法实践。

真"、"不可靠"的证据①，如果仅仅重视DNA证据的鉴定而忽视DNA检材（样本）的获取途径、保管方式及流转路径，很有可能就会出现DNA证据失真，从而造成冤案的发生。

从证据的种类形态上看，DNA应归属于物证范畴，但最终却是以鉴定意见的形式应用于诉讼之中。从刑事证据分类理论上看，DNA证据属于一种"双联证据"，即一方面联接案件事实（该DNA为犯罪现场所发现），另一方面联接犯罪实施者（所发现的DNA是谁所遗留），但DNA证据最多只能揭示出从犯罪现场收集到的生物检材是否来自于某一个体或与某一个体存在遗传关系，因而只是一种间接证据，它本身不能证明案件相关事实的真相，更不能直接证明是谁实施了犯罪。因此，为了充分发挥DNA证据在案件事实认定中的独特作用，同时保障此类证据的真实性、可靠性和完整性，就必须对其应用于诉讼的相关环节和要素进行审查，以鉴别DNA证据的真实性。从当前我国实践情况来看，司法部门对DNA证据有着盲目崇拜、"照单全收"的态势②；理论部门

---

① 面对DNA证据失真现象的存在，有美国学者即指出，"由于人为的因素，DNA检测结果错误的情形已在全美多处出现。DNA实验室的样品交叉污染、调包等问题在明尼苏达州、北卡罗来纳州、宾夕法尼亚州、内华达州、加利福尼亚州均曾发生"，并认为"这些问题使黄金般的DNA证据开始失去光泽。"参见William C. Thompson, Tarnish on the gold standard: understanding recent problems in forensic DNA testing, 30 *Champion* 10 (2006)。

② 从总的情况来看，我国辩护方对控方提出DNA证据的质证意识和能力比较欠缺，仅对1.04%的DNA证据提出了异议。即便在被告人不认罪的案件中，辩护方仅对25%的DNA证据提出了异议。而作为对证据真实性把关的法院，对控方提交的DNA证据的采信率高达99.65，有的甚至在判决书中写明："DNA鉴定具备了认定刑事犯罪证据的唯一性和排他性，并且属于高科技证据，足以认定"。参见陈学权著：《DNA证据研究》，中国政法大学出版社，2011年版，第268-270页。

对于 DNA 证据的研究也多集中于 DNA 鉴定规则的完善，对于 DNA 证据的鉴真尚无专门研究。有鉴于此，笔者拟对 DNA 证据的鉴真问题进行研究。本文中，笔者将对 DNA 证据的证据能力和证明力进行分析，并以此为基分析其应用于诉讼过程时可能出现的问题，然后结合相关司法解释，探讨 DNA 证据鉴真规则确立的具体思路。

第一节 DNA 证据的证据能力和证明力

一、DNA 证据的证据能力

证据资格的确定和证据的属性具有很大的一致性，两者是从不同的角度来分析一个同质问题。传统学说认为，证据应当具备客观性、关联性和合法性三大属性：客观性是指证据所反映的内容必须是客观存在、不以人的意志为转移的事实，关联性是指诉讼证据必须同案件事实存在某种联系并由此而对证明案情具有实际意义，合法性是指证据的取得和呈现必须符合法律规定。由于证据资格和证据属性具有密切联系，对一个证据是否具有证据资格的判断应从客观性、关联性和合法性三个方面着手，DNA 证据也不例外。

DNA 证据的客观性表现在两个方面。第一，DNA 证据的存在形式是客观的。如上文所述，DNA 证据就其存在形态而言，是一种微物证据，也即其是一种客观存在物，这就决定了 DNA 证据本质形态上客观。第二，DNA 证据进入诉讼的

DNA 证据的应用与规制

形式是客观的。如上文所述，DNA 证据的特性使得其必须通过鉴定分析程序将其蕴含的有证明价值的信息挖掘、提取、展现出来，因此 DNA 证据进入诉讼往往是通过鉴定意见形式来完成，而由法定主体依据法定程序制作而成的鉴定意见自然也具有客观性。DNA 证据应用于诉讼的价值主要在于身份比对和认定上，而刑事诉讼是以认定和追究被追诉人的刑事责任为中心，也即"人"为中心展开，这使得 DNA 证据与案件事实之间存在着一种形式上"间接"而实质上"直接"的关联性。DNA 证据的合法性主要体现在内容、形式、程序等方面的合法。内容合法，是指经查证属实的 DNA 证据能够证明案件的真实情况；形式合法，是指 DNA 证据应当以法定形式呈现，并依照法定程序进行审查判断；程序合法，是指 DNA 证据的提取、流转、保管、分析、出示等方面必须依照法定程序进行。从域外立法情况来看，对 DNA 证据资格的审查是以对其合法性的审查为核心展开，兹举例说明。

在美国，DNA 证据是否有证据资格的问题是 DNA 证据能否应用于诉讼的核心，只要认可了 DNA 检材（样本）的许可性，该 DNA 检材（样本）中蕴含的证据信息才可以呈现于陪审团前，因此通常在审前程序中由法官决定该 DNA 检材（样本）是否许可的问题。取证、保管程序是否规范，鉴定分析技术是否可靠直接影响 DNA 证据的证据资格。1989 年美国纽约州法院审理的 *People v. Castro*[①]一案，是美国法院第一件否认 DNA 证据证据能力的案件。该案被告 Joseph Cas-

---

① 545 N. Y. S. 2d 985（1989）.

tro 涉嫌杀害一名怀孕妇女及其小孩，警方在被告手表采得血迹，经以 RFLP 鉴定法进行 DNA 比对结果与遭杀害的妇女 DNA 相吻合。被告在本案共请了 5 名专家证人，Conrad Gilliam 担任遗传及分子遗传学专家证人、Lorraine Flaherty 担任分子遗传学及质量控管专家证人、Eric Lander 及 Phillip Green 担任遗传及族群遗传学专家证人、Howard Cooke 担任 Cooke's 探针（Cooke's Probe，亦称 29C－1）专家证人出庭弹劾 DNA 证据的证据能力。纽约州最高法院在本件判决中表示：根据法院的了解，过去与 DNA 鉴定有关的案件，并没有任何案件经法院排除其证据资格，由于本案问题的复杂性及受到强烈的质疑，法院为了重新检视该证据的观点，进一步提出三种分析以协助评估及解决该问题。其一，是否有科学界普遍接受的理论支持 DNA 检验结果的可信赖性。其二，目前的技术与实验是否能获得可信赖的 DNA 检验结果，且为科学界所普遍接受。其三，在本案中实验室在执行及分析样本时，是否采用被接受的科学技术。法院依据上述分析，虽然认为 DNA 证据已获得科学界普遍接受，以 DNA 鉴定结果来排除或确认的技术具可信赖性，DNA 证据符合了佛莱法则的普遍接受标准。但是，法院认为本案生命密码公司在执行及分析样本时，并未遵循可被接受的科学技术，其中有关被告手表血迹与遭杀害之妇女 DNA 吻合鉴定所采用之 4 个等位基因型均出现许多错误情形，且双方专家证人都同意这个观点，因此否定了该案 DNA 证据的证据资格。

另一个广为周知的案例就是"辛普森杀妻案"①。辩护方对控方指控辛普森的关键DNA证据提出了如下合理怀疑：取证过程不规范，未按规定程序进行收集；用以鉴定的血样来源可疑；血样由于保管不善而被污染。由于上述合理怀疑无法得以排除，陪审团最终认定了辛普森无罪。除了取证、保管程序影响"许可性"之判断之外，对DNA检材（样本）的分析结论作为科学证据，也要接受"许可性"的评价，对其评价主要依据美国司法上的"Frye规则"以及1993年之后的"Daubert规则"。由于《美国联邦证据规则》第702条规定，"能协助事实认定者决定待证事实"时，该专家证人才能够在法庭上作证，因此美国对DNA检材（样本）的分析结论进行判断时，是将证据能力和证明力结合在一起的，也即只有当一个科学证据必须能提供相当的证明力时，才能得到许可性的承认。

在英国，当陪审团在一个特定案件中评估DNA证据的证据价值时，他们通过以下逻辑推理得出结论：其一，用于得出分析结论的DNA检材（样本）与案件具有相关性（这一环节主要审查DNA证据的获取、保管和分析链条）；其二，证据与被告是匹配的（这一环节主要呈现DNA分型信息与被告的DNA分型信息的匹配与否）；其三，被告是犯罪的实施者（这一环节是将上述DNA证据作为指控被告犯罪的证据）。在上述三个环节中，第一个环节是前提，只有解决了

---

① Case No. BA097211（Cal. Super. Ct. 1995）.

DNA 证据来源的合法性，才可能存在下一步逻辑推进的基础。[1]

日本的判例与学界见解则将作为物证形式的 DNA 检材（样本）作为一次证据，而关于该 DNA 检材（样本）的鉴定书则属于由第一次证据派生而出的证据，这种分析鉴定意见被视为与第一次证据具有一体性，违法收集 DNA 检材（样本）所取得的分析鉴定意见也不具有证据能力。[2] 此外，DNA 证据能否进入诉讼还需要结合"所采用的鉴定技术之妥当性"和"鉴定技术之正确运用"两个方面的审查，如果符合这两个方面的要求，则认可对该 DNA 证据的证据资格，反之则否定。[3]

二、DNA 证据的证明力

证明力是证据所具有的内在联系对案件事实的证明价值和证明作用，"是证据活的灵魂"[4]。一般认为，证据的证明力受制于证据与案件事实联系的有无以及联系的紧密程度。如上所述，DNA 证据最多只能揭示出从犯罪现场收集到的生物检材是否来自于某一个体或与某一个体存在遗传关系，而

---

[1] See Andrei Semikhodskii, Dealing With DNA evidence: A Legal Guide, 1st ed. London: Routledge – Cavendish. p111.

[2] 井上正仁著：《刑事訴訟における証拠排除》，弘文堂，1985 年版，第 582 页。转引自蔡铭书著：《科学证据之研究》，台湾大学 1999 年硕士学位论文，第 131 页。

[3] 关于日本实务界对 DNA 证据的态度以及学界对其讨论，可参见苏丽满："科学证据中 DNA 型鉴定的证据能力——日本足利案件的探讨"，《法令月刊》，2008 年第 2 期，第 109 – 123 页。

[4] 钱卫清著：《法官决策论——影响司法过程的力量》，北京大学出版社，2008 年版，第 111 页。

不能直接证明是谁实施了犯罪。但从实践情况来看，DNA证据具有非常强大的证明力，以至于被视为"毋庸置疑的铁证"、"绝对的证人"，实际上这种现象是非常危险的。其原因在于，DNA从采样至鉴定意见的做出受多种因素的影响，这些因素都可能影响DNA证据的真实性，因此必须科学看待DNA证据的证明力。[①]

从当前世界主要法治国家和地区的立法情况来看，尚未发现有关DNA证据证明力的专门规定，但是由于DNA证据是以鉴定意见的形式运用于诉讼，因此各国对DNA证据证明力的审查实际上是置于鉴定意见的审查之中。归纳来看，可分为两种情形：一是明确规定鉴定意见对法官无任何的拘束力，是否作为定案的根据，由法官最后决定，这以德国和意大利为代表；二是鉴定意见对法官有一定的消极拘束力，法院不采纳鉴定意见是必须在判决书中说明不采纳的理由，如我国澳门地区[②]。我国新修正的《刑事诉讼法》将"鉴定结论"改为"鉴定意见"，并且通过设置"鉴定人出庭"、"有专门知识的人出庭作证"等环节建立起对鉴定意见进行实质审查的查证程序。综合上述规定来看，在DNA证据证明力的审查上，实际上赋予了法官质疑DNA证据的权力，使其在认定事实时可排除该证据，但实际上DNA证据在实践中被采信

---

① 陈学权："科学对待DNA证据的证明力"，载《政法论坛》，2010年第5期。

② 我国《澳门刑事诉讼法典》第149条第2款规定："如审判者之心证有别于鉴定人意见书所载之判断，判断者应说明分歧之理由。"参见澳门政府法律翻译办公室译：《澳门刑法典、刑事诉讼法典》，法律出版社，1997年版，第194页。

的程度非常之高。鉴于唯 DNA 定罪所带来的错判风险，主张建立 DNA 证据补强规则的呼声越来越高。在英国，皇家上诉法院刑事审判庭在 R v. Watters 一案中明确提出："在没有补强证据的情况下，DNA 证据不能充分地证明被告有罪。"① 德国联邦法院也在判决书中指出："DNA 分析只是一种统计学上的陈述而已……虽然有比对后的同一性之高度可能性存在，但是 DNA 分析不具有决定性的证明力，所有证据情状的整体判断之其他证据衡量，仍是必须的。"② 日本学者村井敏邦教授也认为："在承认 DNA 鉴定具有证据能力时，虽可作为证据，但应与采用自白为证据之情形相同……在别无其他证据存在之情况，不可仅依 DNA 鉴定而认定被告犯罪。"③ 我国台湾学者林钰雄就提出："即便在事实认定的范围，就鉴定人之鉴定意见，法院必须自主地审查其是否可采，不能毫无条件地全面接受鉴定结果而将其作为裁判之基础。亦即，法院纵使采纳鉴定意见也必须于其判决再由中表明曾就鉴定意见进行自主的证据评价，如此，上级法律审也才能够进行事后的法律审查；反之，法院如果不予采纳鉴定人的判断，也必须于判决理由中表明何以不采鉴定意见的理由，否则事后的法律审查亦无可能。"④

---

① R v. Watters [2000] EWCA Crim 89.
② 转引自许恒达著：《科学证据的后设反思》，台湾大学 2003 年硕士学位论文，第124页。
③ 转引自蔡墩铭著：《刑事证据法论》，台湾五南图书出版公司，1997年版，第157页。
④ 林钰雄著：《刑事诉讼法（上）》，中国人民大学出版社，2005年版，第395页。

由上可知，DNA证据的证明力在实践中出现了两种倾向：第一是对法官的心证产生了高度影响，极易被采信并作为定案依据。以我国为例，通过对我国1998年1月1日至2008年12月31日的刑事裁判文书中288起涉及DNA鉴定的案件进行统计：被告人对DNA证据没有异议并认罪的案件有275起，占95.49%，而被告人完全否认犯罪行为的只有13起，仅占4.51%。[1] 第二是过度信赖DNA证据证明力的现象日益引起警惕，越来越多的人开始发现并指出影响DNA证据真实性的因素。当前一些国家或地区已经开始对盲目信任DNA证据，尤其是DNA证据定案的倾向进行反思，那种将实验室人员所作的结论视之为"皇后的贞操"[2]的观念已经开始受到挑战，比如澳大利亚全国研究会就指出，"检察官和辩护律师不应吹嘘DNA证据。让法官或陪审团以为DNA证据是无懈可击的陈述是不合理的，也是应当避免的。"[3]

第二节 DNA证据鉴真的目的

威格莫尔认为，鉴真是指如果所涉及的只是一个对象，那么需要证明其就是与某人、某一时间、某一地点或某一条

---

[1] 陈学权："刑事诉讼中DNA证据运用的实证分"，载《中国刑事法杂》，2009年第4期。

[2] 我国台湾地区前刑事警察局鉴定中心主任翁景惠曾在某杀人案件作证时说到，"我个人认为一份检验报告如同皇后的贞操一样不容怀疑，如果怀疑勘查人员或实验室的人员，永远怀疑不完……"转引自李佳玟："鉴定报告与传闻例外——最高法院近年相关裁判之评释"，载《政大法学评论》，2008年第4期。

[3] 参见季美君著：《专家证据制度研究》，北京大学出版社，2008年版，第150页。

件相关的那个对象；辨认是指——如果所涉及的是表面上不同的两个对象，那么需要明确这两者实际上是同一个对象，或是完全独立的两个不同对象。[1] 也有学者认为，"鉴真"是指证明某一证据就是其提出者所主张的某个特定证据的证明过程；对实物证据进行鉴真的过程，被称为证据辨认。[2] 鉴真应当是 DNA 证据获取证据能力和证明力的前提和基础。[3]

在诉讼实践中，人们容易采用静态的眼光看待证据，尤其是物证、书证等客观性证据，认为"所见即所获"，最终应用于认定案件事实的证据与犯罪现场获取之证据具有一致性。实际上，物证、书证在收集、保管及鉴定过程中都有可能受到破坏或者改变，有学者将那些能够增加、改变、模糊、污染或者毁灭证据的影响称为"证据动态变化"（Evidence Dynamics）[4]，证据动态变化在诉讼全过程始终存在。这种动态变化在 DNA 证据的运用中尤为明显，DNA 证据从收集到最终运用，存在一个漫长的跨时间和跨空间的转移，在这个过程中，"证据将从犯罪现场转移到运输车辆，之后再转移到法医 DNA 分析实验室；在实验室内还将可能在不同部门和鉴定人员间转移，直到最后得出分析结果并被呈送法庭。其间的任何一次交接不清都可能导致检材的混乱，任何保管

---

[1] Paul C. Giannelli, Chain Of Custody And The Handling Of Real Evidence, 20 *Am. Crim. L. Rev.* 527 (1982–1983).

[2] Edward J. Imwinkelried, Idtification of Original, Real Evidence, 61 *Mil. L. Rev.* 145 (1973).

[3] 由于 DNA 证据的鉴真与证据辨认无明显理论界限，为了便于表达，笔者在后文中所用"鉴真"一词均包含上述两层含义在内，特此说明。

[4] ［美］威廉·奇泽姆等著：《犯罪重建》，刘静坤译，中国人民公安大学出版社，2010 年版，第 162 页。

DNA 证据的应用与规制

程序的不完善都可能导致检材因为受到环境的影响而降解。"① 对 DNA 证据进行鉴真，可实现以下目的。

一、保障 DNA 证据的合法准入

如上所述，DNA 证据从发现到呈现于法庭经历了发现、提取、保存、送检、鉴定和报告等一系列过程。生物证据的特点、检验鉴定的特殊性以及 DNA 证据所经历的诸多环节和检验报告反映检验分析状况的局限性，都可能影响我们是否能真实地揭示该证据的客观属性，并最终影响该证据反映事实真相的可靠性和证明力。从实践情况来看，刑事案件中的 DNA 证据的流转一般都控制于侦查人员的手中，但当前我国对 DNA 证据的取证、送检人员的培训明显不足。根据相关调查显示，侦查人员通过培训了解刑事技术的仅占 76.7%，了解 DNA 技术的则更少②，这使得对 DNA 检材的封存、流转严重缺乏规范性。例如将现场废旧衣物包裹凶器，从而使得凶器可能会有衣物上其他的 DNA 附着；未戴手套直接接触目标物，从而使 DNA 受到污染；未注意 DNA 检材（样本）的保存温度，使得 DNA 出现裂解等。这些发生在流转过程中的问题都会影响 DNA 证据。

在证明 DNA 证据客观性的过程中，通过鉴真程序使检控方向法庭证明其出示的证据来源于侦查人员在犯罪现场收集，

---

① 周维平："诉讼视野中的法医 DNA 证据研究"，载《证据科学》，2009 年第 4 期。

② 鲁涤著：《法医 DNA 证据相关问题研究》，中国政法大学出版社，2012 年版，第173 页。

与犯罪事实有关，被规范流转且其重要性状未发生改变，这种证明的方式由负责调查取证的侦查人员及参与证据流转各个环节的相关人员，通过当庭指认所出示的证据就是其参与处理的证据而实现。经过鉴别为真之后，探讨 DNA 证据的证据能力和证明力方具有合法准入的资格。

二、确保事实认定的准确性

事实是证据法的逻辑起点，审判活动始于事实认定，事实认定又构成了审判活动的主要内容。① 刑事诉讼中需要予以认定的事实具有历史性，事实一旦发生，即无法更改，也无法重现，只能通过案件中留下的各种信息资料来还原、证明既往事实，重要证据一旦被毁损，很可能会对事实认定者准确认定案件事实造成无法挽回的消极影响。为了尽可能准确地认定事实，就必须尽可能保证证据的完整性，以全面反映案件事实。从侦查机关收集证据，到证据被移送到鉴定机构进行鉴定或向法庭出示的过程中，DNA 检材（样本）会由侦查人员从犯罪现场通过交通工具移送到侦查机关所在地，并可能会在侦查机关所在地与鉴定机构所在地往返，最后还会移送到法院当庭出示。证据在不同地点、不同持有人之间的转移的多个环节中，如果交接不当或轻视环节之间的保管，证据极易发生混淆、遗失。此外，由于 DNA 证据是以自身内部的理化构造及其相应功能来证明案件事实情况的，因此，若保管不慎，极易发生污染和变质，从而导致证据的性状发

---

① 张保生主编：《证据法学》，中国政法大学出版社，2009 年版，第 1 页。

生改变，无法再准确证明案件事实。DNA证据能否准确运用于事实认定，基于以下几个因素。

第一，检材（样本）本身无误。指用以检验的DNA检材（样本）在采集前尚未腐败、未受污染且未被调包。在采取DNA检材（样本）的阶段，亲子鉴定方面引起检材（样本）污染之情形会较从犯罪现场采取所造成之检材污染情形为少。① 反之，于犯罪现场所采取之检材受到环境影响较大，产生污染之情形亦较为严重。比如血液、精斑之类的检材体往往附着于衣物或地毯上，此时衣物或地毯上之染料、洗涤剂等可能对遗留组织中之DNA有所影响；作为生物证据，DNA检材（样本）极易变质、稀释或裂解。因此，DNA证据正确应用的前提即在于保障检材（样本）本身无误。

第二，鉴定程序无误。主要是指除了检材（样本）本身无误之外，实施鉴定的实验室尚须遵循科学上接受之标准程序，始能担保鉴识结果之正确性。DNA鉴定过程中，错误标示资料、或未正确将资料输入计算机等人为疏失通常无法完全避免。在美国已发生过多起因为错误解读DNA信息而冤枉无辜者入狱服刑之案例。如1997年，美国奥克拉荷马州的Timothy Durham服刑4年后从监狱释放，当时的入狱原因是一件强奸案。审判当时，Durham找了11位证人证明其不在场，但陪审团基于三项证据：其与被害人相识、一根在犯罪

---

① 因为亲子关系争执事件中所采取之DNA检材（样本）是经由合格医事技术人员采取当事人之新鲜血液后，送交亲子鉴定机构，只要取样对象无误、检材（样本）保存、封装、运送依标准化步骤执行，即可确保此前阶段之正确性。

现场找到的头发与其头发之 DNA 相似以及 DNA 鉴定结果与被害人身上残留精液之 DNA 信息吻合，认定 Durham 犯下该起强奸罪，Durham 被判入狱。后来重新鉴定的结果显示，原鉴定结果有误，原因在于实验室人员未事先将检材（样本）中男、女之 DNA 分开，也未先行整理混乱的 DNA 检材（样本），导致 Durham 之 DNA 鉴定结果出现错误。① 实验室质量良莠不齐是包含 DNA 在内所有科学证据存在的共同问题，而因商业利益、业务机密和观念偏差所造成之黑箱作业，也可能降低 DNA 鉴定之可靠性。② 从我国情况来看，目前已经拥有超过 260 家的 DNA 实验室，大量新实验室、新设备、新鉴定人投入带来的问题是实验室的实践经验不足、熟练程度不够，这使得当前刑事案件 DNA 证据的质量管理和控制工作薄弱。如不对这一程序进行重点审查，DNA 证据的真实性和客观性难以得到保障。

第三，数据解释无误。通过对检材（样本）检测得出数据的程序是一回事，对相关数据如何解释又是另一回事。所有"几分之几的基因重复频率"，都不是鉴定所能得出，而是根据族群统计资料解释出之结果。因为 DNA 鉴定结果仅能判定检材与样本有无相符点，而仍需要换算后才能估计相符点于特定族群中之出现频率；而换算此种频率之前提，则须事先建立一套该族群之 DNA 统计资料。在数据解释环节，

---

① Peterson, Rebecca Sasser, DNA Databases: When fear goes too far, 37 Am. Crim. L. Rev. (2000).
② 林钰雄：《DNA：挑战科学的法律巨人》，载［美］霍华德·科曼、艾利克·史威森：《法庭上的 DNA》，何美莹译，台湾商业周刊出版股份有限公司，1999 年版，第 45–46 页。

如果出现问题，同样会影响 DNA 证据的准确使用。

DNA 证据的鉴真，实际上就是对上述几个环节的审查与检视，通过上述程序，排除可能影响 DNA 证据准确应用的因素，方能保证 DNA 证据准确应用于认定案件事实。

三、防止证据替换或毁损

在实践中，侦查机关收集证据、转移证据、保管证据以及鉴定都是在侦查机关单方面的控制之下完成的，其他单位或当事人通常无法参与到证据流转的过程中。由于证据流转过程的不透明、缺乏有效监督，所运用的证据存在失实的风险。加之 DNA 是一种不具有明显自然特征、不易通过简单辨认确定的证据，这使得调包或替换都具有可能性。比如，侦查机关基于破案的压力收集虚假的证据[1]，或基于其他动机对证据进行调包或替换，以及出现"证据毁损"[2] 的现象。此外，还存在鉴定人故意提供虚假 DNA 鉴定意见的情形。如美国佛吉尼亚州警局实验室法庭科学家 Fred Zain 因在 134 个案件中故意提供包括 DNA 分析在内的虚假专家意见而受到刑事追诉[3]；美国 FBI 的 DNA 实验室的 Blake 女士在 DNA 分析 1 组工作时，有超过 100 个案子未作阴性对照，却伪造了是

---

[1] 郭金霞："鉴定资料收集之法律控制研究"，《证据科学》，2008 年第 3 期。

[2] 证据毁损是指在诉讼过程中一方当事人或其代理人有意识地损坏、毁损、变造、隐匿该诉讼案件中对己方不利或对对方有利的相关证据的行为。

[3] See Paul C. Giannelli, Ake v. Oklahoma: The Right To Expert Assistance In A Post–Daubert, Post–DNA World, 89 *Cornell L. Rev.* 1305–1319（2004）.

按标准程序操作的文件①；美国伊利诺斯州警局实验室法庭科学家 Pamela Fish 因在 2 起案件中故意隐瞒无罪的 DNA 检测结果而被开除②。

在我国，由于《刑事诉讼法》与《公安机关办理刑事案件程序规定》对侦查人员证据保管行为的规范很少，仅有"妥善保管或者封存"的原则性规定，没有具体指导性规则。办案单位往往注重证据的收集，对收集后的"妥善保管"重视不够。这种不规范主要体现在：保管证据的登记不规范、扣押物的数量、特征、来源不清，扣押物去向不明，办案人员对证据处置缺乏监管，证据保管场所、保管措施因陋就简等问题。证据保管不规范造成的后果是导致证据易于变质或遗失，特别是有些案件因长期无法结案而成为积案，期间由于承办案件的侦查人员更换或者案件管辖机关的调整，证据因为移交、登记、保管等环节管理不严，因而发生证据材料毁损或遗失。如近期纠正的"内蒙古呼格吉勒图冤案"中，在案发后，警方提取了受害者体内的凶手所留精斑，但这一核心证据并没有引起警方的重视：首先，警方并没有将呼格吉勒图的精斑与受害人体内的精斑进行对比，其次当赵志红供述了自己是 4·9 案真凶后，原本保留在公安局的凶手精斑检材（样本）又莫名丢失，这使得案件真相的查明变得迷雾重重。③

---

① 参见［美］John M. Butler：《法医 DNA 分型——STR 遗传标记的生物学、方法学及遗传学》，侯一平等译，科学出版社，2007 年版，第 285 - 286 页。
② See Craig M. Cooley, Reforming The Forensic Science Community To Avert The Ultimate Injustice, 15 *Stan. L. &Pol'y Rev.* 381 - 402（2004）.
③ 中华网："内蒙古呼格吉勒图奸杀冤案关键证据莫名丢失"，http：//news. china. com/domestic/945/20141104/18924284_ all. html, 2015 - 8 - 8，

211

通过鉴真程序，可还原 DNA 证据从产生到利用的全过程，使这一个过程中的每个中转节点、每个经手人都有相应记录可供查询，从而起到跟进、监督过程，增强办案人员责任心，从而防止证据被替换或毁损的情况出现。

第三节　DNA 证据鉴真的方式

DNA 证据作为一种特殊类型的实物证据，对其鉴真可通过以下几个方面的审查进行。

一、提取过程的可回溯性

DNA 证据的提取过程的可回溯性是指该份 DNA 检材是由何人、何时、在何地、采用何种方式提取、有无见证人在场等必备细节能否予以完整回溯，以判断 DNA 证据的来源可靠性，保证进入鉴定程序的 DNA 检材确实是在"案件中"（包括犯罪现场以及与犯罪有关的附着体）提取得来，从而防止出现证据栽赃（由他人案发后带入现场）、调包、错误标注、混合等情况发生。

在进行证据分析时有三个问题必然涉及："1. 必须被证明的最终主张是什么？2. 可用的数据是什么？3. 在这些数据和最终主张之间，存在什么样的似真或可辩解关系？"[①] 如上文所述，DNA 证据从现场提取到应用于法庭经历了一个相当

[①] ［美］特伦斯·安德森，戴维·舒姆，威廉·特文宁著：《证据分析（第 2 版）》，张保生等译，中国人民大学出版社，2012 年版，第 146 页。

漫长的过程，而且要实现从物证到鉴定意见这样一个证据形态的转化，这种情况下，搭建一个可用数据与最终主张之间关系的桥梁尤为重要。DNA检材提取这一环节在这种搭建中起到了最为核心的作用：现场遗留DNA检材—提取DNA检材—鉴定分析—认定案件事实，只有客观、规范地提取到真实来源于"案件中"的DNA，方能保证最终用以证明案件事实的结论的真实性。

《美国联邦证据规则》将鉴真作为一个条件相关性和逻辑相关性的问题。104（b）规则规定："当证据的相关性取决于某事实是否存在时，必须提出足以支持认定该事实确实存在的证明"，这是条件相关性；901（a）规则规定："为满足对证据进行验真或辨认的要求，证据提出者必须提出足以支持该证据系证据提出者所主张证据之认定的证据"，这是逻辑相关性。[1] 证明实际出示的证据就是打算出示的证据，适用前者；证明打算出示的证据与案件相关，适用后者。在使用DNA证据的案件中，缺乏DNA提取过程的证明，很难认定所提取的DNA证据与案件事实的关联性；缺乏提取结果，提取过程对案件事实自然也失去证明价值。比如，在一起强奸案的审理中，认定被告实施犯罪的关键证据是被害人内裤上的精斑分析检验出的DNA。这份DNA证据要起到证明案件事实的作用，必须首先查清以下几个事实：其一，这份精斑确实是从被害人内裤上提取；其二，这份精斑中的DNA信息与被告人高度一致；其三，被害人与被告人无正

---

[1] 王进喜著：《美国〈联邦证据规则〉（2011重塑版）条解》，中国法制出版社，2012年版，第20、309页。

DNA 证据的应用与规制

常性接触机会。在上述三个事实中，最基础也最关键的环节就是精斑的提取，离开这个环节，其他事实的认定毫无意义。

实践中，DNA 证据提取过程的证明是通过对 DNA 检材的提取笔录的审查来进行的，这就要求从事现场证据收集的侦查人员必须客观、全面、如实地制作 DNA 检材的提取笔录，通过笔录的内容尽可能完整、直观地还原 DNA 检材的提取过程，用以证明该份 DNA 证据的原始来源、检材提取过程的规范性和合法性，为该份证据的后续应用奠定基础。

二、证据保管链的完整性

证据保管链是指负责保管证据的人员，从证据收集到证据最终被处理，按时间顺序持续记录证据被收集、转移、存放、使用、处理全部环节的证明文件所反映的证据流动路径。① 从此可以看出，证据保管链反映的是证据流动、运行的过程，这一过程的证明由证据保管人员和证据保管文件两个方面来实现。证据保管人员，是参与证据的收集、保管、移送、使用及最后处理的负责人员，证据保管人员承担着证据安全保障的职责，也承担着记录证据流动情况的工作，还是就其参与的证据保管情况进行当庭作证的证人，完整的证据保管链需要所有经手证据的保管者当庭指认证据，并提供

---

① 杜国栋著：《论证据的完整性》，中国政法大学出版社，2012 年版，第 171–172 页。

证明证据交接情况及证据在其掌管期间存放于安全地点的证言[1]；证据保管文件是证据保管人员记录证据保管情况的书面材料，即可用作证明证据流动情况的书证，也可和证据保管人员的证言形成印证。完整的证据保管链详细记录了证据的保管、移送和使用情况，这种记录也是对侦控机关内部证据保管责任的界定以及证据保管流程的梳理，通过明确的证据保管责任划分和科学的流程设计，可以有效地防范证据丢失、替换、污染、损毁等情况发生，从而确保证据的安全。同时，通过证据保管链，可以发现证据被替换、污染或者遗失的发生环节、发生原因，并据此确定保管不当的责任承担方式以及决定证据的可采性。通过证据保管链鉴别证据一般发生在——证据需通过实验室检验方可确定相关性、证据性状可能会发生改变以及证据容易被替换的情况下[2]，DNA 无疑就是这样一种非常典型的需要通过保管链来鉴别的证据类型。对证据保管链的审查是 DNA 证据鉴真的重要内容。

对 DNA 证据保管链的审查主要涉及以下几个问题。第一，呈现给法庭的鉴定意见所依据的 DNA 检材是否就是"案件中"所提取的那份？这需要通过对 DNA 证据提取后流转环节、经手人、交接状况等细节进行审查，以证明该份 DNA 证据的独特性和唯一性。美国有这样一个案例：在

---

[1] ［美］约翰·W·斯特龙主编：《麦考密克论证据》，汤维建译，中国政法大学出版社，2004年版，第220页。

[2] See Paul C. Giannelli, Chain Of Custody And The Handling Of Real Evidence, 20 *Am. Crim. L. Rev.* 527（1982 - 1983）.

DNA 证据的应用与规制

Nichols v. McCoy 一案中，验尸官从停放的尸体身上采集了血液检材，检控方无法证明该血样与停尸间其他尸体的血样分别存放，因此对于血液检材的同一性存在较大疑问，法院基此认为该份证据的证据保管链无法查证，进而排除了这份证据。[①] 第二，DNA 证据的性状是否发生改变，以致影响其蕴含的证据信息的真实性？这需要对 DNA 证据的存在环境进行审查。DNA 证据存在的环境分为非受控环境和受控环境，环境失控导致的后果是，DNA 证据特征受到破坏，影响其遗传标记特征的检测。[②] 非受控环境是指 DNA 检材（样本）被提取前的自然存在环境，这个阶段影响 DNA 检材（样本）的因素不只是温度、湿度等自然环境因素，可能出现在现场的其他人员也会对 DNA 证据造成影响。受控环境是指 DNA 证据从采集到检验鉴定阶段，这个阶段影响 DNA 检材的既有温度、湿度、光照因素，也有化学试剂、其他生物物质的影响。对这一阶段进行审查，可以证明 DNA 证据的客观性、原始性，以保障鉴定依据的可靠性。第三，是否因污染而使 DNA 证据的特征被掩盖？污染可以发生在 DNA 证据存在的各个阶段，如采集或处理检材（样本）的工作人员将自身的 DNA 附着到检材（样本）上、取证工具未清洗而造成不同检材（样本）之间的相互污染等。DNA 检材（样本）被污染后，DNA 证据的真实性显然不能认定。

[①] Nichols v. McCoyy, 106 Cal. App. 2d (Adv. 661), 235 P. 2d 412 (1951).
[②] 鲁涤著：《法医 DNA 证据相关问题研究》，中国政法大学出版社，2012 年版，第171 页。

三、鉴定过程的可靠性

我国学者指出,实物证据的鉴真和鉴定是两种带有独立性的证据鉴别活动[①],笔者赞同这种观点,原因主要有三个方面。第一,诉讼作用不同。鉴真既是保障实物证据合法性的必要支撑,也是对主证据(实物证据)证明力的一种补强。如在英国,在对某一物证的真实性存在疑问的情况下,法官通常会调查该物证的来源以及提取物证的整个过程,这被视为确保物证真实性的程序要求。而在美国,鉴真属于实物证据具备可采性的基本条件之一,未经鉴真的实物证据是不具有可采性的,法官可以将其排除于法庭之外。鉴定则是一种专业性的鉴别活动,它是鉴定人就案件中所涉及的专门科学技术问题进行的分析,以解决司法人员的专业认识障碍。第二,行使主体不同。鉴真作为一种真实性审查,其主要是由法官来进行,是法官裁判权的一种行使方式。鉴定则是某一领域的技术专家在被委托或聘请的前提下进行,其借助专业知识分析判断后形成的鉴定意见并不对事实认定者产生必然约束力。第三,设置原因不同。证据之所以需要鉴真,是因为在证据的收集提取与法庭审理之间存在一个时间间隔,而经过这种距离,实物证据的真实性可能会发生变化,实物证据的同一性也会引起合理的怀疑。证据之所以需要鉴定,是因为证据中蕴含着大量信息,只用通过鉴定人利用专业技

---

① 参见陈瑞华:"实物证据的鉴真问题",载《法学研究》,2011年第5期。

术、专业工具才能过滤无关信息，将有证明价值的事实信息挖掘并以直观可视的形式呈现于司法人员面前。

但是，由于 DNA 证据是一种性状极易发生变化，对提取、保管、鉴定等环节流程的规范性极为敏感，解释极为复杂的特殊类型的证据，DNA 鉴定过程的不规范会使 DNA 检材（样本）原始性状发生改变，供作鉴定分析、呈现证据信息的 DNA 其实已非来源于"案件中的 DNA"，其真实性已发生改变。鉴定人的水平也直接关系到 DNA 证据的真实性，正如相关调查所显示："大多数基因分型错误或多或少于都与人工因素有关……高达 93% 的错误由人为因素所致……即使在荧光图谱的自动化和半自动化判型过程中，判型错误也无法完全避免。"① 此外，鉴定技术的规范性也会影响 DNA 证据的真实性，即使在 DNA 技术相对成熟的美国，因鉴定技术问题而导致的错案也屡见不鲜。如在西弗吉尼亚，由于鉴定人采用了错误的鉴定方法，从而导致 10 年间有数百名无辜被告被判处有期徒刑。② 就我国而言，对于鉴定机构资质认定有相关法律规定，而鉴定活动主要是依据实验室技术操作规范来进行，并无专门针对鉴定过程的具体法律规范。通常情况下，侦查机关将检材（样本）交给鉴定机构委托鉴定后，就由鉴定机构的鉴定人进行非公开的鉴定，然后坐等鉴定结果做出。鉴定过程成为一个缺乏见证与监督的封闭性操作环

---

① 黄代新、杨庆恩："基因分型错误或异常的量化评估"，载《中国法医学杂志》，2008 年第 3 期。
② 参见徐继军著：《专家证人研究》，中国人民大学出版社，2004 年版，第 28 页。

节，而这个环节恰恰是 DNA 证据从提取到应用于认定案件事实的诉讼流程中最为关键的一步，这个环节若缺乏审查，DNA 证据的真实性将无法得到信服。[①] 因此，DNA 证据的鉴真，必然应包括对鉴定过程可靠性的审查。

对鉴定过程可靠性的审查应放在 DNA 证据客观真实性和证明力产生影响的技术方式、鉴定检验设备、操作流程等重要方面的审查上，具体包括鉴定机构资质、鉴定机构管理水平，鉴定人资质、检验试剂设备、检验方法、防污染措施、鉴定技术和方法的可靠性及适用性、最终结果与鉴定要求的符合度等方面。限于研究范围，对于具体技术细节本文不做进一步展开，但笔者希望在一个问题上形成共识："鉴定人"不是"实验员"，"鉴定意见"不是"实验报告"；实验是一个试错的过程，"实验报告"可以宽容误差，但"鉴定意见"的做出是司法证明环节中的核心一环，事关清白与罪恶、事关真相的呈现，没有宽容错误的空间，唯有鉴定过程的可靠，DNA 证据的真实性方能得以保障。

在 2010 年"两高三部"颁布的《关于办理死刑案件审查判断证据若干问题的规定》以及 2013 年 1 月 1 日开始实施的新修正的《最高人民法院关于适用〈刑事诉讼法〉的解释》的相关规定中都对物证、书证等实物类证据的收集程序方式是否符合法律规定、是否全面收集，以及上述证据在收

[①] 例如：河北省赞皇县发生了一起 15 岁少女被强奸并致怀孕的案件，尽管对犯罪嫌疑人的血样与胎儿之间进行了多次法医 DNA 鉴定比对，结果都排除了犯罪嫌疑人，但是被害人家属却对鉴定的结果一直不服，出现"闹鉴"现象发生。http：//news. sina. com. cn/s/l/2006 - 09 - 24/103911090848. shtml，2015 - 8 - 8。

集、保管、鉴定过程中是否受损或者改变做出了明确而具体的审查要求,这实际上标志着我国已通过司法解释的形式确立了实物证据的鉴真规则,也意味着我国立法从偏重于审查实物证据的鉴定,转向更为全面地审查作为鉴定检材的实物证据的来源和提取过程以及鉴定过程的规范性,这也为我们研究实物证据的鉴真问题提供了制度基础和理论前提。系统研究实物证据的鉴真规则,离不开对不同类型实物证据鉴真规则的个别化研究,尤其是对于 DNA 这种性状特殊、使用频率高且地被赋予极高证明力的生物证据,对其鉴真问题进行系统研究,意义巨大。